George Augustin

Ich bin eine Mission

George Augustin

Ich bin eine Mission

Schritte der Evangelisierung

Patmos Verlag

VERLAGSGRUPPE PATMOS

PATMOS
ESCHBACH
GRÜNEWALD
THORBECKE
SCHWABEN

Die Verlagsgruppe
mit Sinn für das Leben

ein Unternehmen der Verlagsgruppe Patmos
in der Schwabenverlag AG, Ostfildern
www.patmos.de

Umschlaggestaltung: Finken und Bumiller, Stuttgart
Umschlagmotiv: © Qweek / iStock.com
Autorenfoto: © Kardinal Walter Kasper Institut, Vallendar
Satz: Schwabenverlag AG, Ostfildern
Druck: GGP Media GmbH, Pößneck
Hergestellt in Deutschland
ISBN 978-3-8436-1040-7

Inhalt

Zur Einführung

Der Weg des Christseins ist nicht Rückzug aus der Welt, sondern Mitgestaltung der Welt in der Kraft des Evangeliums. »Ich bin eine Mission auf dieser Erde, und ihretwegen bin ich auf dieser Welt … Licht zu bringen, zu segnen, zu beleben, aufzurichten, zu heilen, zu befreien« (Papst Franziskus).[1]

Es ist die Aufgabe aller Christen, die Verkündigung des Evangeliums in unsere zeitgenössische Gesellschaft zu tragen. Das Christentum ist keine hochkomplexe Sammlung vieler Dogmen, sodass es unmöglich ist, sie alle zu kennen. Das Christentum ist nichts Exklusives für Akademiker, die diese Dogmen studieren können. Es ist etwas viel Einfacheres: Gott existiert und ist uns nahe in Jesus Christus. Diese Botschaft fasst Jesus Christus in seinem Wort von der Ankunft des Reiches Gottes zusammen. Was wir verkünden, ist grundsätzlich eine einzige, einfache Sache. Alles, was der Glaube in der Folge umfasst, sind letztlich Dimensionen dieser einen Wahrheit. Es müssen nicht alle Menschen alles wissen, aber alle sind gerufen, in die Tiefe dieses grundlegenden Geheimnisses einzutreten. So erschließen sich ihnen auch die verschiedenen Dimensionen mit nie versiegender Freude.[2]

»Wie mich der Vater gesandt hat, so sende ich euch« (Joh 20,21). Der Ruf Jesu ist an uns gerichtet, und er ist

Aufforderung und Zusage zugleich. Es gilt, die Schallwände der Lethargie und Resignation zu öffnen, in denen jeder Elan zur Evangelisierung zu ersticken droht, und den Ruf des Herrn neu zu hören. Es gilt, das Vertrauen zu fassen, dass das Evangelium Christi heute wie vor zweitausend Jahren die Kraft hat, die Herzen der Menschen zu erreichen. Unser Zeugnishandeln als Christen steht unter dem Gesetz alles Lebendigen: Was nicht wachsen will, stirbt. Wo wir aber dem Ruf Jesu vertrauen, gilt auch seine Zusage: »Ich habe euch dazu bestimmt, dass ihr euch aufmacht und Frucht bringt und dass eure Frucht bleibt« (Joh 15,16).

Das vorgelegte Buch ist eine Einladung an alle, den Ruf Christi zu hören, sich die Aufgabe der Evangelisierung als persönliche Sendung und Herzensanliegen anzueignen.

Dazu ist es notwendig, sich darauf zu besinnen, was *Mission und Evangelisierung heute* bedeuten (erstes Kapitel). Dabei sind sowohl Vorbehalte und Vorurteile auszuräumen als auch das Zentrum aller evangelisierenden Bemühungen zu erkennen: Gott zuerst! Gott in Jesus Christus ist die Mitte des Evangeliums und damit das Zentrum der Mission der Kirche und jedes Getauften.

Die Welt, in der wir leben, ist im Umbruch und von den Umbrüchen der Neuzeit geprägt. Das Zweite Vatikanische Konzil bekennt: »Freude und Hoffnung, Trauer und Angst der Menschen von heute, besonders der Armen und Bedrängten aller Art, sind auch Freude und

Hoffnung, Trauer und Angst der Jünger Christi« (GS 1). Daher richtet das zweite Kapitel mit seinen Beobachtungen zu Religion und Kultur den Blick auf den Horizont, in dem Menschen heute leben und in dem das befreiende Wort des Evangeliums von uns auszurichten ist.

In dieser Welt von heute sind die *Wege der Evangelisierung* zu finden und zu gehen. Im dritten Kapitel geht es um Modelle und Orientierungen, den missionarischen Auftrag der Kirche heute zu erkennen und zu leben.

Evangelisierung als Aufgabe des Glaubens lebt nicht von weltlichen Kriterien der Macht und Effizienz, sondern von den Kriterien und Perspektiven des Glaubens. Das vierte Kapitel geht den Fragen nach: Welche Aspekte der Evangelisierung sind heute besonders wichtig? Welche Perspektiven tun sich für die Zukunft auf?

Nicht der defensive Erhalt kirchlicher Verwaltungsstrukturen, sondern der mutige Aufbruch nach vorn ist der Weg der Evangelisierung! Das fünfte Kapitel entfaltet *zwölf Schritte einer missionarischen Spiritualität* heute. Im Schlusskapitel werfe ich einen Blick auf den Gründer der »Gesellschaft des katholischen Apostolates«, in der ich Priester bin, Vinzenz Pallotti, als *Vordenker einer zeitgemäßen missionarischen Kirche.*

Die vorgelegten Überlegungen wollen ein Weckruf sein: Evangelisierung bedeutet nicht kirchliche Selbstzelebration. Sie ist kein einmaliger Event. Sie ist ein Ruf zu einer wirklichen Erneuerung der Kirche, zu einer fortdauernden Umkehr derer, die aktiv zur kirchlichen Gemeinschaft gehören. Sie ist eine missionarische Ausbreitung zu neuen Teilnehmern auf dem Weg der christlichen Jüngerschaft.

George Augustin

1 Mission und Evangelisierung heute

In Europa leben viele getaufte Christen mehr oder weniger kirchendistanziert und kirchenfern. In Lateinamerika hat die Kirche mit großen sozialen und wirtschaftlichen Herausforderungen zu kämpfen. In Asien muss beispielsweise die Kirche häufig als eine kleine Minderheit in einer pluralistischen Religionswelt die christliche Botschaft verkünden. In Afrika hingegen hat die Kirche einerseits eine große missionarische Kraft, andererseits steht sie inmitten einer Vielzahl politischer und religiöser Konflikte. Viele Christen leben in Verfolgungssituationen, in denen sie mit großer Glaubenskraft Zeugnis für ihren Glauben geben.

Der Missionsgedanke ist in der Wahrnehmung vieler Christen heute äußerst ambivalent: Einerseits engagieren sich viele Gläubige für die Missionsarbeit in den traditionellen Missionsgebieten, andererseits haben auch praktizierende Christen große Vorbehalte gegen das Thema Mission überhaupt. Das Wort ›Mission‹ ist bei vielen negativ belastet. Einige verbinden mit Mission eine Spendensammlung, andere finden sie nicht mehr zeitgemäß.

Der Missionsgedanke wurde auch in der Diskussion der letzten Jahrzehnte sehr oft massiv in Frage gestellt. Die angeführten Gründe sind vor allem die Neuentdeckung des positiven Heilswertes der nichtchristlichen Religionen und ein spezifisches Verständnis von Befreiung und Entwicklungshilfe. Das Interesse verlagert sich stark auf humanitäre Entwicklungshilfe, um die wirtschaftliche und gesellschaftliche Notlage der Menschen zu lindern. Ein rein innerweltliches horizontales Heilsverständnis stellt das Anliegen der Mission grundlegend in Frage, und somit verliert der Glaube in den christlichen Gebieten die motivierende missionarische Kraft.

Missionsmüdigkeit

In aller Offenheit müssen wir zudem von den Licht- und Schattenseiten der Missionsgeschichte reden. Allerdings wäre es zu kurz gegriffen, mit dem Hinweis auf die Fehler und Akzentverschiebungen der Vergangenheit den Missionsgedanken heute abzulehnen. In der Geschichte der Kirche gab es immer wieder eine Verdunkelung der christlichen Botschaft durch ihre Anhänger – durch Menschen, die die christliche Botschaft zu eigenen Zwecken missbrauchten. Doch sollten die Fehler der Vergangenheit kein Grund sein, die wahre Sendung der Kirche nicht zu leben und heute nicht missionarisch sein zu wollen.

Bei der Analyse der negativen Seite der Missionsgeschichte gilt es zu differenzieren und festzuhalten: Ursache dafür war immer eine dem christlichen Glauben nicht gemäße Praxis, die aus menschlichem Egoismus heraus entstand und nicht Gehorsam gegenüber dem Evangelium, sondern Sünde war. Demgegenüber müssen wir auf der positiven Seite auch die Tatsache in Betracht ziehen, dass christliche Mission sehr viel Gutes bewirkt hat. Das Beispiel und der große Elan der zahlreichen heiligen Missionare, die unter sehr schwierigen Bedingungen ihren Glauben durch ihr Lebenszeugnis weitergegeben haben, können auch für uns heute ein Ansporn sein, Zeugnis für den Glauben abzulegen. Der Blick auf die Weltmission sollte das Bewusstsein für die Notwendigkeit eines neuen missionarischen Aufbruchs in ›herkömmlichen christlichen Ländern‹ schärfen, wobei die entscheidende Frage ist: Wie können wir in der gegebenen Situation die weitverbreitete Missionsmüdigkeit überwinden?

Erneut droht eine Verkürzung des Missionsverständnisses, wenn Mission auf weltkirchliche Aufgaben und Weitergabe des Glaubens an Nichtchristen reduziert wird. Die oft ausschließliche Verwendung des Missionsgedankens auf Mission ›ad extra‹ hat die bittere Tatsache vergessen lassen, dass die traditionellen christlichen Gebiete und Kirchen sich in einer inneren wie äußeren Diasporasituation befinden.[3] Diese Diasporasituation geht mitten durch das Herz der Kirche. Die entscheidende missionarische Frage ist heute: Wie können wir die ›getaufte Kirchenferne‹ zur ›Kirchenähe‹ werden lassen? Hierbei geht es in erster Linie um die Vertiefung und Verlebendigung des Glaubens zahlreicher getaufter Christen, die aus sehr unterschiedlichen Gründen sich vom Glauben und der Kirche innerlich distanziert haben. Heute sind die Christen *in allen Ländern,* auch den früher missionierten, zu einer missionarischen Haltung und Aktivität herausgefordert. Die große Herausforderung der Gegenwart ist es, die Krise des Missionsgedankens im Inneren der Kirche zu überwinden. Mission ist keine Erfindung der Kirche aus Selbsterhaltungsgründen! Der Grund der Mission liegt im positiven Heilsratschluss und im Heilswillen Gottes, wie das Zweite Vatikanische Konzil lehrt (vgl. LG 13–17; AG 1–7).

Die erste missionarische Aufgabe überhaupt besteht darin, ein angemessenes und gemeinsames Verständnis von Mission zu finden und auf seine Bedingungen und Folgerungen hin zu durchdenken.[4] Die Pastoral der Kirche ist heute in einer stark säkularisierten und entchristlichten Welt nicht von der Mission zu trennen. Deshalb ist Mission nicht nur eine Dimension der Pastoral, sondern die ganze Pastoral muss missionarisch sein. Die erforderliche Voraussetzung dafür ist eine grundlegende Erneuerung des missionarischen Bewusstseins, die aus der Mitte des christlichen Glaubens kommt. Ohne eine geistliche und spirituelle Neuorientierung und einen Perspektivenwechsel auf die wesentlichen Fragen des Glaubens und der Kirche hin ist ein tragfähiger missionarischer Aufbruch nicht zu erwarten.

Die Kirche lebt von ihrer Sendung

Der Lebenskontext des christlichen Glaubens ist heute geprägt von der vertieften Säkularisierung der Gesellschaft, der zunehmenden Individualisierung und einem verbreiteten relativistischen Wahrheitsverständnis. Der

Mangel an Gläubigen in allen traditionellen Kirchen macht die ganze Welt heute zu einem einzigen Missionsgebiet. Die gegenwärtige religiöse Landschaft ist höchst komplex und ambivalent: Einerseits sind viele Menschen ›religionsmüde‹ und andererseits ›transzendenzsüchtig‹. Während sich die Kirchen unaufhaltsam leeren, boomen esoterische Wohlfühlgruppen. Der erlebnisorientierte gesellschaftliche Supermarkt bietet Träume an, aber keinen Sinn. Damit sind viele Zeitgenossen religiös obdachlos geworden.

Trotz der Herausforderung der zunehmenden Säkularisierung und einer religiösen Privatisierung können wir eine erfreuliche religiöse Renaissance und eine vielfältige Revitalisierung der Religionen und der Religiosität feststellen. Viele Kirchenferne sehen sich selbst als hochreligiöse Menschen an. Gewiss geht es dabei nicht unbedingt um eine Revitalisierung des kirchlich gefassten christlichen Glaubens. Aber nicht immer wird diese neue Sensibilität für Gott und die Suche nach dem Sinn des Lebens in der Kirche vor Ort wahrgenommen. Angesichts dieser Entwicklung gilt es zu fragen: Warum gelingt es der gegenwärtigen Pastoral der Kirche nicht, diese neue religiöse Suche der Menschen in ein vermehrtes Interesse für die Kirche umzuwandeln? Liegt es vielleicht daran, dass wir ›praktizierende Christen‹ kein ansprechendes Zeugnis für eine lebendige Kirche geben?

Eine Kirche, die auf dem missionarischen Weg bleiben will, muss sich der entscheidenden Frage stellen: Warum gelingt es nicht, die vorhandene Religiosität für die Botschaft des Evangeliums fruchtbar werden zu lassen? Müssten Akzentverschiebungen der Theologie und Pastoral korrigiert werden, damit die Kirche als Ort der Gegenwart Gottes und seines Heils erscheint und so eine neue Attraktivität und Anziehungskraft gewinnt? Wo müssen neue Wege eingeschlagen werden, damit die Sehnsucht nach Gott, der dem menschlichen Leben den letzten Sinn verleiht, in der Kirche erfahrbar und erfüllt werden kann?

In seinem Apostolischen Schreiben *Evangelii gaudium* spricht Papst Franziskus von der Aufgabe, inmitten der vielfältigen Lebenskontexte und Ungleichzeitigkeiten des christlichen Lebens das Evangelium zu verkünden, und ermutigt alle Christen, den Geist des Evangeliums zu verlebendigen und zu entfalten.[5] Die Radikalität und Schönheit des Evangeliums sollen in den Worten und Taten und in den Verhaltensweisen der Christinnen und Christen immer sichtbar und erfahrbar sein. Daher muss sich die Kirche von innen heraus erneuern, damit viele Menschen, die nach einem Sinn in ihrem Dasein suchen, die Kirche als Ort der Gegenwart Gottes erfahren können. Jeder Christ, jede Christin ist berufen, daran mitzuarbeiten, dass die Kirche eine einladende Kirche wird und die Türen weit öffnet, damit Jesus Christus heute den Weg zu den Herzen der Menschen findet. Jeder Christ ist eingeladen, die Gnade der Taufe zu verlebendigen und aus ihrer Kraft einen neuen missionarischen Aufbruch zu wagen. Wer an Christus glaubt, soll das eigene Christsein als Grund tiefer Freude erfahren. Von dieser Freude erfüllt und gestärkt, sollten die Christen missionarische Jünger werden und das Evangelium der Freude und des Lebens in Wort und Tat kraftvoll in der Welt von heute verkünden. Dazu brauchen wir in unserer Zeit Wege, damit Christus für die Menschen berührbar und seine Botschaft hörbar wird.

Vollmacht, nicht Macht

Die Aufgabe, das Evangelium in Wort und Tat zu bezeugen, richtet sich an jeden Getauften, in besonderer Weise an diejenigen, die auf irgendeine Art und Weise zum Dienst in der Kirche bestellt sind, das Gesicht der Kirche nach außen darstellen und die Gestalt der institutionellen Kirche in der Wahrnehmung der Menschen prägen. Damit ist jeder persönlich angesprochen, der heute in unserer Kirche als Bischof, Priester, Ordenschrist/-in oder als pastorale Mitarbeiterin/pastoraler Mitarbeiter Dienst tut, gleich ob er in einer Pfarrei aktiv tätig ist oder in der Römischen Kurie mitarbeitet. Jedem, der auf seine Weise Dienst in der Kirche tut, gilt die Aufgabe, die Sendung des Evangeliums in die jeweiligen Lebenskontexte des Glaubens umzusetzen.

Dabei haben sich alle durch Weihe oder kirchliche Sendung Bevollmächtigten davor zu hüten, die Vollmacht des Dienstes als Macht im weltlichen Sinn misszuverstehen. Papst Franziskus stellt besonders heraus, dass Macht und Funktion des Amtspriestertums als Bevollmächtigung zum Dienst gelebt werden muss. »Ihr Dreh- und Angelpunkt ist nicht ihre als Herrschaft verstandene Macht, sondern ihre Vollmacht, das Sakrament der Eucharistie zu spenden; darauf beruht ihre Autorität, die immer ein Dienst am Volk ist. Hier erscheint eine große Herausforderung für die Hirten.«[6] Papst Franziskus warnt immer wieder vor dem Streben nach Formen der Macht. Es ist von zentraler Bedeutung, der wohl bei jedem Menschen vorhandenen Versuchung zur Machtausübung im Geiste des Evangeliums zu widerstehen. Sendungsbewusstsein und Gestaltungswillen können auch in gefährliche Machtspiele umkippen. Das Bewusstsein dieser Möglichkeit muss jeden ständig begleiten, der in der Kirche ein Dienstamt innehat.

Ein Zeichen unserer Zeit ist es, dass wir die Verantwortung gerne auf andere oder auf die Allgemeinheit abwälzen. Wen meint Papst Franziskus wohl mit dem Bild derer, die »lieber Generäle von geschlagenen Heeren sein wollen als einfache Soldaten einer Schwadron, die weiterkämpft«? Statt uns selbst mit großer Hingabe für das Evangelium einzusetzen und unseren Dienst gewissenhaft zu tun, »unterhalten wir uns eitel und sprechen über ›das, was man tun müsste‹, wie spirituelle Lehrer und Experten der Seelsorge, die einen Weg weisen, ihn selber aber nicht gehen. Wir pflegen unsere grenzenlose Fantasie und verlieren den Kontakt zu der durchlittenen Wirklichkeit unseres gläubigen Volkes«[7]. Die Versuchung, Verantwortung und auch Schuld auf andere abzuwälzen, ist ein psychisches Phänomen, das eigene Schuldhaftigkeit, Erfolglosigkeit, Mangel an Engagement oder Versagen verharmlosen will, um sich gut zu fühlen und gut dazustehen. Solches Verhalten produziert Unfreiheiten und Resignation. Sie liegen gegenwärtigen Krisenphänomenen der institutionellen Kirche zugrunde.

Selbstverständlich ist jeder Glaubende gerufen, mit der Kirche zu denken und zu fühlen. Jeder soll sich aus dem Geist und der Kraft des Evangeliums für die Verwirklichung der Botschaft Christi persönlich einsetzen und in Freiheit persönliche Verantwortung für die Sendung und den Auftrag der Kirche übernehmen. Wer sich vom Evangelium Christi prägen und neugestalten lässt, wird zu einem geistlichen Menschen werden, der persönliches Versagen und Schuld eingestehen kann, Verantwortung übernimmt und zur Freiheit des Handelns findet, die das Bestmögliche tut.

Verkündigung des Evangeliums und eigene Umkehr

Alle, die sich in den Dienst der Evangelisierung stellen, sind aufgerufen, ihr Gewissen ehrlich zu erforschen und jede Form einer ›spirituellen Weltlichkeit‹ zu überwinden. Papst Franziskus macht bewusst, dass jeder Getaufte, insbesondere alle, die zum Dienst in der Kirche bestellt sind, ihrer Berufung entsprechend zu geistlichen Menschen werden und jederlei Spaltung und Lagerkämpfe überwinden sollen. Das Zeugnis für das Evangelium kann nur gelingen, wenn die Zeuginnen und Zeugen in der Einheit des Geistes leben und handeln. Wenn die Menschen »das Zeugnis von wirklich brüderlichen und versöhnten Gemeinschaften sehen, ist das immer ein Licht, das anzieht. Darum tut es mir so weh, festzustellen, dass in einigen christlichen Gemeinschaften und sogar unter gottgeweihten Personen Platz ist für verschiedene Formen von Hass, Spaltung, Verleumdung, üble Nachrede, Rache, Eifersucht und den Wunsch, die eigenen Vorstellungen um jeden Preis durchzusetzen, bis hin zu Verfolgungen, die eine unversöhnliche Hexenjagd zu sein scheinen. Wen wollen wir mit diesem Verhalten evangelisieren?«[8]

Die Grundvoraussetzung für die Verkündigung des Evangeliums und alle ihr zugeordneten Aktivitäten ist das christliche Leben und eine dem Evangelium gemäße Spiritualität. Am Anfang steht eine geistliche Bekehrung. Eine echte Spiritualität kann nur wachsen, wenn Menschen ihr Herz vom Wort Gottes berühren und vom Evangelium prägen und sich innerlich verwandeln lassen. Durch diese Prägung und Verwandlung werden wir geistliche Menschen. Nur wenn die Zeugen des Evangeliums als spirituelle Menschen erkennbar werden und aus dem Geist des Evangeliums handeln, können sie dafür Sorge tragen, dass die Werte des Evangeliums in die soziale, politische und wirtschaftliche Welt eindringen. Dabei ist der Einsatz jedes Glaubenden gefragt, damit unsere Gesellschaft durch das Evangelium verwandelt wird (vgl. dazu in diesem Buch das Kapitel »12 Schritte einer missionarischen Spiritualität«).

Gott zuerst!

Die zentrale Herausforderung für uns Christen heute ist: Wie können wir wieder Kraft und Motivation für einen neuen missionarischen Aufbruch finden? Wie können wir das persönliche und gemeinschaftliche Handeln anspornen, motivieren und seinen Sinn deutlich machen? Wie können wir unsere täglichen Aufgaben nicht als erdrückende Verpflichtungen erleben, sondern mit Freude erfüllen? Aus welcher Quelle können wir schöpfen, damit all unser Tun nicht ins Leere läuft? Wie können unsere vielfältigen Anstrengungen wirklich Früchte tragen? Wie können wir subjektiv empfundene Schwierigkeiten überwinden?

Oft fehlt uns die Motivation für mehr Anstrengungen und Engagement, weil wir nur die menschlichen Herausforderungen und die Schwierigkeiten vor Augen haben. Aber nicht nur unsere Zeit, sondern alle Zeiten haben ihre je eigenen Herausforderungen: »Es gibt welche, die sich damit trösten zu sagen, dass es heute schwieriger ist; allerdings müssen wir zugeben, dass im Römischen Reich die Lage weder für die Verkündigung des Evangeliums noch für den Kampf für die Gerechtigkeit oder die Verteidigung der Menschenwürde günstig war. Zu allen Zeiten der Geschichte gibt es die menschliche Schwachheit, die krankhafte Suche nach sich selbst, den bequemen Egoismus und schließlich die Begierde, die uns allen auflauert.«[9] Deshalb ermutigt Franziskus uns, die Herausforderungen unserer Zeit im Geist des Evangeliums und in der Kraft des Heiligen Geistes anzunehmen.

Schwierigkeiten sind dazu da, um überwunden und gelöst zu werden, nicht, um vor ihnen zu resignieren.

Wenn unsere vielfältigen Aktivitäten und pastoralen Anstrengungen die erhofften Früchte tragen sollen, dann gilt es, alles aus einer entschieden christlichen Gesinnung heraus zu tun. Unser christliches Leben vollzieht sich als ein Leben und Handeln in der tragenden Gegenwart des Herrn aus der Kraft des Heiligen Geistes. Wir entsprechen dieser Wirklichkeit, wenn unsere Arbeit aus dem Gebet hervorgeht und uns zum Gebet führt. Indem wir die Einheit von Gottesliebe und Nächstenliebe bewusst leben, werden wir in all unserem Tun den spezifisch christlichen Sinn finden können. Weder eine Innerlichkeit ohne soziales und evangelisierendes Handeln hilft weiter noch ein Handeln ohne Spiritualität, die das Herz ergreift und verwandelt. Christliche Evangelisierung geschieht immer im Zusammenspiel der *vita activa* und *vita contemplativa*.

Dabei ist sowohl für christliche Innerlichkeit wie für christliches Handeln die Liebe Christi die Kraftquelle. Aus der persönlichen Begegnung mit Christus und dem Empfang seiner Liebe erhalten wir Befähigung und Motivation. Die Grundvoraussetzung dafür ist, dass wir ihn wirklich kennen und ihn und seine Botschaft mehr und mehr lieben lernen. Damit kommen wir zur alles entscheidenden Frage unserer Zeit: Kennen wir Jesus Christus? »Ich kenne diesen Menschen nicht« (Mt 26,72): Wie Petrus verschweigen wir oft, wer Christus wirklich ist. Ohne den Mut, Jesus Christus mit der ganzen Kirche als wahren Gott und wahren Menschen zu bekennen, verdunkeln wir sein Angesicht und vermögen nicht, seine wahre Bedeutung und die Schönheit seiner Botschaft sichtbar und erfahrbar zu machen.

Oft nehmen Verantwortliche binnenkirchlich den Glauben an das gottmenschliche Geheimnis Jesu Christi als selbstverständlich gegeben an, aber die seelsorgliche Erfahrung zeigt, dass dies auch innerhalb kirchlicher Kreise nicht einfach gegebene Voraussetzung ist. Alles, was wir an Aktivitäten und Projekten planen und tun, bleibt aber kraft- und wirkungslos, wenn deren Fundament nicht stimmt: Um in all unserem christlichen Handeln das Göttliche und das Menschliche sichtbar zu machen, muss unser Handeln auf unserem Bekenntnis zur Gottheit und Menschheit Jesu Christi beruhen. Nur aus tiefer Erkenntnis seiner Person und aus Liebe zu ihm können wir eine Begeisterung für seine Botschaft erleben und vermitteln, denn dann steht im Herzen unseres missionarischen Einsatzes die Gegenwart Jesu.

Viele Katholiken sind heute von der Kirche aus unterschiedlichen Gründen entfremdet, obwohl sie sakramental mit ihr innerlich verbunden sind. Viele leben nach dem Grundsatz ›Gott ja – Kirche nein‹. Die Menschen spüren sehr oft nicht, dass sie Gott in der Kirche begegnen können. Auch der Kirche und den praktizierenden Christen gelingt es nicht, den Menschen spürbar zu machen, dass die Kirche der Ort der Gotteserfahrung ist. Diese Entfremdung der Menschen von der Kirche ist ein zentrales Problem und ein Hindernis für das christliche Zeugnis in der Welt, denn eng verbunden mit dem Bekenntnis zu Jesus Christus ist das Verständnis dafür, was Kirche ist.

Wie in Christus ist auch in der Kirche Göttliches und Menschliches am Werk. Wer nicht offen ist für beide Dimensionen, dem erscheint die Kirche als eine Art besserer »Nichtregierungsorganisation (NGO)«, wovor Papst Franziskus immer wieder warnt. Die Kirche lebt davon, das Geheimnis der Menschwerdung sichtbar zu machen. Gott ist Mensch geworden, damit wir göttlich werden. Die Sendung der Kirche ist es, diese Botschaft gelegen oder ungelegen zu verkünden, Gott zu den Menschen und die Menschen zu Gott zu bringen.

Weil wir der Treue Gottes zu seiner Kirche vertrauen dürfen, können wir ohne Angst vor die Menschen treten und dem Ruf des Apostels folgen: »Seid stets bereit, jedem Rede und Antwort zu stehen, der von euch Rechenschaft fordert über die Hoffnung, die euch erfüllt« (1 Petr 3,15). In Jesus Christus ist uns Gottes Antwort auf die tiefsten Bedürfnisse der Menschen geschenkt. Aus dieser Gewissheit erwächst eine innere Freude am Glauben. Die Freude am Glauben ist das Gegenteil davon, Berührungsängste zu haben. So wie Jesus Christus mit seinem Vater innerlich verbunden und aus dieser Verbundenheit heraus den Menschen nahe ist, so sind auch wir berufen, in seiner Nachfolge Gott und den Menschen nahe zu sein. Der christliche Glaube lebt und wächst aus genau dieser Einheit von Gottesnähe und Nächstenliebe.

Das Ziel allen christlichen Lebens und Handelns ist die Verherrlichung Gottes. *Ad infinitam Dei gloriam* – »Zur unendlichen Ehre Gottes« wählte der junge Vinzenz Pallotti (1795–1850), der Gründer der »Gesellschaft des katholischen Apostolates«, in frühen Jahren als seinen Wahlspruch (vgl. dazu in diesem Buch das Kapitel »Vordenker einer zeitgemäßen missionarischen Kirche«). Bekannt ist das Wort des heiligen Irenäus von Lyon: »Die Herrlichkeit Gottes ist der lebende Mensch, das Leben des Menschen die Gottesschau«, das von Papst Benedikt XVI. ausgelegt wird: »Gottes Ruhm offenbart sich also in der Erlösung des Menschen.«[10] Daher ist für uns ein wesentlicher Aspekt der Verherrlichung Gottes unser Einsatz für die Menschen. Es kommt darauf an, ein geistliches Wohlgefallen daran zu finden, nahe am Leben der Menschen zu sein, bis zu dem Punkt, an dem sich erschließt, dass diese Nähe eine Quelle höherer Freude ist. Jesus nimmt uns als Werkzeug Gottes an, um seiner Sendung in der Welt eine erfahrbare Gestalt zu verleihen.

Den Armen das Evangelium verkünden

Wer es unternimmt, das Evangelium Christi zu verkünden, muss das eigene Leben und die Lebenserfahrung der Menschen im Lichte des Evangeliums deuten und verstehen lernen. »Es gilt also, die Welt, in der wir leben, ihre Erwartungen, Bestrebungen und ihren oft dramatischen Charakter zu erfassen und zu verstehen« (GS 4). Die große Herausforderung besteht darin, die Antworten auf die Sorgen, Nöte, Probleme und Verletzungen unserer Zeit aus dem Geist des Evangeliums zu finden (vgl. dazu in diesem Buch das Kapitel »Die Welt, in der wir leben«).

In der Sendung, zu den Armen und Notleidenden zu gehen, ist Jesus selbst unser Vorbild. Wir müssen die Versuchung überwinden, von den Wundmalen des Herrn möglichst weit Abstand zu halten. Wenn wir in der Nachfolge Jesu mit dem menschlichen Elend in seiner vielfältigen Erscheinung in Berührung kommen, kommen wir mit Christus in Berührung. Wenn wir die Wunden der Armen berühren, berühren wir die Wundmale Jesu selbst.

Dies ist eine kraftvolle und zu Herzen gehende Begründung für unser Engagement für die Armen. Die Kraft für den Dienst an den Menschen müssen wir uns von Jesus selbst schenken lassen. So bringen wir die Armut in Verbindung mit der existenziellen Demut. Wenn wir in aller Demut vor Gott unsere menschliche Armut erkennen und bekennen, werden wir durch seine Kraft befähigt, zu den Menschen zu gehen und unseren Dienst mit Freude und Begeisterung zu tun.

Die Kirche spricht von der bevorzugten Option für die Armen und Benachteiligten in der Gesellschaft – nicht primär im soziologischen, sondern im theologischen und religiösen Sinn. Die bevorzugte Option für die Armen ist im kirchlichen Bekenntnis zur Menschwerdung Gottes in Jesus Christus begründet. Jesus Christus, der Gott ist, hat an seinem göttlichen Reichtum nicht festgehalten, sondern er ist Mensch geworden, um an der menschlichen Armut teilzuhaben und diese Armut durch seinen göttlichen Reichtum zu verwandeln (Phil 2,5–11). Alle Menschen sind berufen, so gesinnt zu sein wie Jesus und diese göttliche Solidarität zu leben, konkret: Jeder Mensch ist berufen, seinen Mitmenschen teilhaben zu lassen an dem, was er anderen voraushat.

Von dieser zentralen Botschaft des christlichen Glaubens inspiriert, hat die Kirche eine Option für die Armen getroffen, die zu verstehen ist als besonderer Vorrang in der Weise, wie die Liebe konkret gelebt wird. Die Einladung, mit den Armen und Bedürftigen solidarisch zu sein, hat nicht nur mit einer Praxis der Humanität zu tun, sondern es geht um eine Begegnung mit Gott. Denn Jesus Christus selbst identifiziert sich mit den Armen und Hilfsbedürftigen. In der Bibel sagt der Weltenrichter Christus am Ende der Zeit: Was du dem Hilfsbedürftigen getan hast, das hast du mir getan (vgl. Mt 25).

»Armut« meint zunächst den himmelschreienden Skandal der Verelendung. Das sozialethische Anliegen der Kirche in Situationen des Elendes ist eindeutig: Die Privilegierten in der Gesellschaft sollen sich ihrer ureigenen Verantwortung bewusst sein, dass sie sich für die nachhaltige soziale Entwicklung der Armen und Benachteiligten einsetzen müssen. Aus Dankbarkeit für die Möglichkeit des Geben-Könnens muss der Handlungstrieb erwachsen.[11] Es ist eine ethische Pflicht aller Menschen, gegen ein ausbeuterisches Wirtschaftssystem, das von welcher Ideologie auch immer geprägt ist, ihre

Stimme zu erheben. Die Suche nach einer gerechten und solidarischen Welt gründet nicht auf Träumerei und Illusion. Es ist keine Luxusfrage, sondern eine gesellschaftliche Notwendigkeit, um eine künftige Niederlage der Menschheit durch soziale Unruhen und Revolution zu vermeiden. Denn eine Welt ohne die Praxis der Gerechtigkeit und Solidarität wird langfristig ihre eigene Lebensgrundlage zunichte machen.

Jeder Mensch ist verpflichtet, Elend in seinen vielfältigen Gestalten zu bekämpfen. Nicht nur in den wirtschaftlich ärmeren Ländern, sondern auch in den sozialen Randgebieten der materiell reicheren Länder befinden sich viele Menschen, die unter Armut, fehlender Zufriedenheit im Leben oder der Last der Verlassenheit leiden. Es gibt nicht nur materielle Armut, die wir beseitigen müssen, sondern auch vielerlei Formen des Elends bei den vermeintlich Reichen und Wohlhabenden. Es gibt geistliches Elend durch die Sinnentleerung im Leben, die dem Menschen die ganze Lebensfreude rauben kann. Es gilt, unsere Aufmerksamkeit hierfür zu sensibilisieren.

»Armut« im Sprachgebrauch der Bibel und der spirituellen Überlieferung meint aber nicht nur das zu bekämpfende Elend, sondern auch die willentliche und existenzielle Haltung des Menschen vor Gott, die Beziehung des Menschen als Geschöpf Gottes zu seinem Schöpfer. In dieser geistlichen Armut bekennt der Mensch in aller Demut, dass er auf seinen Schöpfer angewiesen ist. Freiwillige geistliche Armut als christliches

Ideal meint, sich und sein Lebensglück nicht abhängig zu machen von materiellen Dingen. Auch der Reiche, der verantwortlich mit seinem Besitz umgeht, kann im geistlichen Sinn »vor Gott arm« sein, so wie ein materiell Armer durch eine alles überwuchernde Abhängigkeit von dem Wunsch nach materiellem Reichtum sich den Weg zum Nächsten und zu Gott verbauen kann. Geistliche Armut als existenzielle Haltung besagt eine Grundeinstellung, die für jeden Menschen, ob arm oder reich, eine lebenslange Herausforderung darstellt. Die christliche Option für die Armen umschließt auch diese Haltung der geistlichen Armut.

Die vorrangige Option der Kirche für die Armen ist die Option für eine Gesellschaft, die versucht, die Gerechtigkeit in bestmöglicher Form zu verwirklichen. Denn Gerechtigkeit ist das Minimum, das der Mensch anderen Menschen schuldet. Die Praxis der Gerechtigkeit garantiert auch sozialen Frieden. In dieser Option geht es um die Würde des einzelnen Menschen und um unsere gemeinsame Verantwortung für die Gestaltung einer humanen und gerechten Gesellschaft, in der Freiheit und Frieden erfahrbare Wirklichkeiten sind. Es geht um die christliche und menschliche Verantwortung, leidenschaftlich gegen Armut, Elend, Krankheit und Unterdrückung anzukämpfen. Die bevorzugte Option für die Armen bedeutet nicht, eine gesellschaftliche oder soziale Gruppe gegen eine andere auszuspielen, sondern die Gemeinschaft zu stärken, indem den Schutzlosesten geholfen wird und gemeinsam alle Anstrengungen unternommen werden, um Armut als Verelendung zu beseitigen. Die Grundbedürfnisse der Armen müssen höchste Priorität haben. Alle wirtschaftspolitischen Maßnahmen müssen im Hinblick auf ihre Auswirkungen auf die Armen bewertet werden.

Die bevorzugte Option für die Armen ist für die Kirche eine Option für den Menschen und für seine von Gott gegebene Würde. Es geht um die ganzheitliche Entfaltung und Entwicklung aller Menschen. »Der Arme wird, wenn er geliebt wird, ›hochgeschätzt‹, und das unterscheidet die authentische Option für die Armen von jeder Ideologie, von jeglicher Absicht, die Armen zugunsten persönlicher oder politischer Interessen zu gebrauchen.«[12] Papst Franziskus streicht heraus, dass der Mangel an spiritueller Zuwendung die schlimmste Diskriminierung der Armen darstellt.

Die bevorzugte Option für die Armen ist eine Ermutigung zur Praxis der Barmherzigkeit im Alltag.[13] Eine Praxis der Barmherzigkeit in allen Bereichen des Lebens kann eine menschenfreundlichere und lebensdienlichere Atmosphäre schaffen. Aus dieser Perspektive heraus erkennen wir, was Papst Franziskus meint, wenn er sagt: Ich möchte eine arme Kirche für die Armen. Wir müssen vor Gott arm sein, damit wir uns mit den Armen identifizieren können. Eine Kirche, die sich nur mit sich selbst beschäftigt, kreist um sich selbst. Wenn die Kirche nur darum besorgt ist, sich selbst in den Mittelpunkt zu stellen, sich mit ihren eigenen Strukturen zu beschäftigen und auf eine Anhäufung von vorgefertigten Ideen und

Streitigkeiten fixiert ist, wird sie über kurz oder lang krank werden. Eine kranke Kirche dient zu nichts.

Nur wenn die Kirche ihre Selbstbezüglichkeit überwindet, wird sie sensibel sein, die wirklichen Nöte und Sorgen der Menschen zu begreifen. Hier geht es nicht um eine abstrakte Kirche, sondern um die konkrete Kirche der Gläubigen. Jeder von uns ist ganz persönlich aufgerufen, den eigenen Egoismus zu überwinden, um an die anderen zu denken und bei den anderen zu sein. Wie Jesus Christus für uns arm geworden ist, um einer von uns zu sein, muss jeder von uns vor Gott arm werden, um bei den Armen zu sein. Der Bezug zum Armen muss für alle zum zentralen Anliegen werden, denn in der Verkündigung Jesu stehen die Armen im Mittelpunkt. Das Evangelium ist die frohe Botschaft für die Armen.

Der Weg der Barmherzigkeit

Die Aufgabe der Evangelisierung ist es nicht, in erster Linie irgendeine religiöse Idee oder Morallehre zu verkünden, sondern zuerst und vor allem die Barmherzigkeit Gottes. Das Nachdenken über diese Barmherzigkeit Gottes führt uns zu den Grundfragen des christlichen Glaubens. Barmherzigkeit bringt uns in Berührung mit dem Herzen Gottes. Sie ist nicht nur eine Eigenschaft Gottes unter anderen, sondern Ausdruck seiner überfließenden Liebe und seines Wohlwollens. Das tiefere Verständnis der Barmherzigkeit kann einen Perspektivenwechsel im christlichen Denken und in kirchlicher Praxis herbeiführen. Barmherzigkeit ermutigt uns zu Großmut, Großzügigkeit, Toleranz gegenüber Andersdenkenden und zum Dienst an den Schwachen in der Gesellschaft. Das Eingeständnis unserer eigenen Armut und Bedürftigkeit in Demut vor Gott lässt uns das Übermaß seiner Barmherzigkeit erfahren: »Selig die Barmherzigen, denn sie werden Erbarmen finden« (Mt 5,7). Wenn wir in Wort und Tat barmherzig werden, werden wir glaubwürdige und anziehende Christen werden.

Kirche soll Ort der Erfahrung der Barmherzigkeit Gottes sein. Das biblische Gleichnis vom Barmherzigen Vater (Lk 15,11–32) ist inspirierend für unser persönliches geistliches Leben und unser seelsorgliches Handeln heute. Wir dürfen die Barmherzigkeit Gottes immer neu selbst empfangen und sie anderen erfahrbar machen. Jeder Mensch lebt von der empfangenen Barmherzigkeit Gottes, und wir schenken uns diese Barmherzigkeit gegenseitig.

Es gibt verschiedene Modelle von Kirche und Wege der Evangelisierung (vgl. dazu in diesem Buch das Kapitel »Wege der Evangelisierung«). Keiner ist ausschließlich gültig, solange allen bewusst ist: Der Weg der Kirche in unserer Zeit kann nicht anders sein als der Weg Jesu. Der Maßstab Jesu ist der Maßstab der Kirche. Er hat die Menschen entschieden auf den Weg der Verheißung hingewiesen, aber in seiner großen Barmherzigkeit diesen Weg gangbar gemacht. Gerade weil die Welt, in der wir leben, sehr oft unbarmherzig ist, muss die Kirche die Möglichkeit schaffen, Vergebung und Versöhnung zu erleben und jedem einen neuen Anfang zu ermöglichen.

In unserer Verkündigung muss die Liebe Gottes im Mittelpunkt stehen. Die entscheidende Frage ist: Machen wir die Kirche durch unser Dasein und unseren Dienst einladend oder abschreckend? Jeder von uns soll hinausgehen, um allen das Leben Jesu Christi anzubieten. Es gehört zur existenziellen Armut, dass wir die vielfältigen Formen der Krankheit in der Kirche vor Gott bekennen und von ihm heilen lassen. Eine solche geheilte Kirche kann einen neuen missionarischen Aufbruch wagen. Wenn wir aus der Mitte des christlichen Glaubens unsere Motivation zum Handeln schöpfen, können wir nicht anders, als missionarisch zu sein. Alle pastorale Sendung hat den Auftrag Jesu Christi im Blick zu behalten. Dementsprechend ist es der bleibende Auftrag, Menschen zu Christus hinzuführen und Sorge zu tragen für das ewige Heil der Menschen.

Wenn dieser Auftrag aus dem Blick gerät, entsteht pastorale Verwirrung. Viele gut gemeinte Programme bleiben erfolglos, weil sie nicht aus dieser Mitte gespeist werden. Seelsorge muss sich auf das Wesentliche konzentrieren, wenn sie erfolgreich sein möchte. Es soll unser Anliegen werden, Menschen einzuladen und zu befähigen, Gott in ihrem Leben zu entdecken und ihr Leben mit Gott in Berührung zu bringen. Dieses Grundprinzip der kirchlichen Sendung soll das Leitbild aller kirchlichen Aktivitäten werden. Die leitende Frage ist immer: Was führt Menschen zu Jesus Christus und was hindert sie auf diesem Weg zu ihm? Unsere Seelsorge kann nur erfolgreich sein, wenn sie wesentlich ist.

In unserer Beziehung zur Kirche kommt das Bild der Kirche als Familie Gottes besonders zum Vorschein. Wenn wir die Kirche als Familie Gottes verstehen, werden wir sie lieben, wie wir die eigene Familie lieben. Jeder Mensch weiß aus eigener Erfahrung, dass es in unseren eigenen Familien nicht immer rundläuft. Das Leben der Familie gelingt nur, wenn jedes Mitglied bereit ist, von eigenen Vorteilen und Wünschen absehen zu können, um für die anderen da zu sein. In der Familie müssen wir die menschlichen Züge, die Schwäche und Unzulänglichkeiten des Einzelnen mittragen und manchmal auch ertragen. Die Kirche als Familie Gottes ist die Gemeinschaft derer, die Gott als ihren einzigen Vater und die Mitmenschen als Brüder und Schwestern in Christus bekennen. Der Plan Gottes für die Menschheit ist es, aus ihr eine große Familie zu machen, in der jedes Mitglied sich von Gott unendlich geliebt weiß und jeder die nötigen Heilsgüter empfängt, die ihm auf seinem Weg zum ewigen Leben die geistliche Nahrung geben.

Papst Franziskus ermutigt uns durch sein Beispiel und seine Verkündigung, auf neue Art Kirche zu sein. Er ruft uns auf, die christliche Botschaft in ihrer Ganzheit und Tiefe neu zu entdecken und uns von ihr prägen zu lassen. Diese Sendung kann erst dann gelingen, wenn jeder einzelne Christ bereit ist, mit einer neuen spirituellen Menschlichkeit Zeugnis für den Glauben zu geben. Aus Leidenschaft für Jesus Christus und für sein Evangelium sollen wir an die Peripherie des Lebens gehen, um die Schönheit des Glaubens zu verkünden. Es ist Zeit, die Radikalität der Nachfolge Christi ernst zu nehmen und im Dienst an anderen Menschen zu verwirklichen, um auf diese Weise die Welt, in der wir leben, mit einer neuen Glaubenskraft für Christus zu öffnen.

2 Die Welt, in der wir leben

Beobachtungen zu Religion und Kultur

Die Welt, in der wir leben, befindet sich in einem radikalen Wandel. Die heutige Kultur ist geprägt von einem Leben, das von der Transzendenz entkoppelt ist.[14] Viele Menschen leben, als ob es Gott nicht gäbe. Nicht nur, dass das Bewusstsein für Gott schwindet, sondern die Menschen scheinen Gott in ihrem Leben auch nicht zu vermissen. Diese Erfahrung in der säkularisierten und pluralistischen Gesellschaft ist eine Herausforderung für das Christsein.

Ein säkulares Zeitalter

Die Säkularisierung stellt einen sehr komplexen Prozess dar, den man aus verschiedenen Perspektiven und in unterschiedlichen Zusammenhängen betrachten muss.[15] »Säkularisierung« meint nicht überall und immer das Gleiche, ihre Entwicklung und Auswirkung unterscheidet sich von Kontext zu Kontext und von Land zu Land. Die Idee der Säkularisierung steht immer in Bezug zu Religionen und wird, ganz allgemein gesprochen, nur im Kontext von Religion verständlich. Es geht um zwei grundlegende Fragen: zum einen um die Frage, wie die Gesellschaft und ihre Institutionen und die Religion und ihre Sozialformen einander zugeordnet sind, zum anderen um die Frage, ob Menschen etwas anerkennen, das jenseits des unmittelbaren sinnlichen Erfahrungshorizontes liegt.

Im *politischen Sinn* meint Säkularisierung die Trennung von Religion und Politik beziehungsweise von Kirche und Staat. Die Trennung von Staat und Religion entspricht der eigenen Intention der christlichen Botschaft. Eine so verstandene Säkularisierung ist gewiss nicht zufällig im christlichen Kulturkreis Europas entstanden: »Die Geschichte kommt der Kirche in gewisser Weise durch die verschiedenen Epochen der Säkularisierung zur Hilfe, die zu ihrer Läuterung und inneren Reform wesentlich beigetragen haben. Die Säkularisierungen – sei es die Enteignung von Kirchengütern, sei es die Streichung von Privilegien oder ähnliches – bedeuteten nämlich jedesmal eine tiefgreifende Entweltlichung der Kirche, die sich dabei gleichsam ihres weltlichen Reichtums entblößt und wieder ganz ihre weltliche Armut annimmt«, so Benedikt XVI. in seiner Freiburger Rede 2011.[16]

Papst Paul VI. hat in seinem Apostolischen Schreiben *Evangelii nuntiandi* festgestellt, dass der positive Aspekt der Säkularisierung »ein in sich richtiges, berechtigtes und niemals im Widerspruch zum Glauben und zur Religion stehendes Bestreben« darstellt, insofern es darin besteht, »in der Schöpfung, in jedem Ding und Ereignis des Universums jene Gesetze zu entdecken, von denen sie in einer bestimmten Autonomie beherrscht werden, und zwar aus der inneren Überzeugung heraus, dass diese Gesetze vom Schöpfer in die

Dinge hineingelegt sind«.[17] Die Lehrdokumente des Zweiten Vatikanischen Konzils, insbesondere *Gaudium et spes* und *Dignitatis humanae,* begründen eine theologische Achtung für die »legitime Autonomie der Kultur und des Staates«.[18]

Als negative Seite der Säkularisierung beschreibt Paul VI. »jene Auffassung von der Welt, derzufolge sie sich ganz aus sich selbst erklärt, ohne dass es eines Rückgriffs auf Gott bedürfte; Gott wird überflüssig, zu einem Störfaktor. Um der Macht des Menschen zur Anerkennung zu verhelfen, endet die Säkularisierung damit, sich über Gott hinwegzusetzen und ihn schließlich vollends zu leugnen«.[19]

Im *religiösen Sinn* kann Säkularisierung diese Erfahrung der Abwesenheit Gottes genannt werden; die Welt wird säkular, ohne Gott. In der Analyse des kanadischen Soziologen und Philosophen Charles Taylor *(A Secular Age, deutsch: Ein säkulares Zeitalter)* ist diese Transformation so beschrieben: War es vor wenigen Jahrhunderten praktisch unmöglich, ohne den Glauben an Gott zu leben, ist heute der Glaube an Gott für viele Menschen nur eine Option, eine Möglichkeit unter anderen.

Es ist laut Taylors Analyse von zentraler Bedeutung, diesen Wandel der Bedingungen des Glaubens ernst zu nehmen. Es geht bei den von Seiten des Glaubens zu beklagenden Phänomenen der Säkularisierung nicht einfach um einen Mangel an Glaubensdisziplin, sondern um die Folgen eines Wandels der Bedingungen des Glaubens, um die Wende, die »von einer Gesellschaft, in der es praktisch unmöglich war, nicht an Gott zu glauben, zu einer Gesellschaft führt, in der dieser Glaube auch für besonders religiöse Menschen nur eine Möglichkeit neben anderen ist«.[20]

Dabei fällt diese Wende nach Taylor zusammen mit der Ausbildung eines ›selbstgenügsamen Humanismus‹. Darunter versteht er eine Haltung, die weder letzte Ziele, die über das menschliche Wohlergehen hinausgehen, noch Loyalität gegenüber irgendeiner Instanz jenseits humaner Entwicklungen akzeptiert. Solcher Humanismus leugnet die Notwendigkeit und Relevanz jeder Transzendenz für die Erfüllung und Vollendung des menschlichen Lebens. Erstmals in der Geschichte der Menschheit sei eine solche Haltung über kleine und elitäre Kreise hinaus zu einer für viele Menschen wählbaren Option geworden.[21]

Das autonome Selbst

Mitten in dieser historischen Situation eines säkularen Zeitalters gilt es, die Botschaft des Evangeliums auszurichten und Wege aufzuzeigen, wie Menschen heute gläubige Jünger Jesu sein können. Ein erster Schritt ist es, die vielschichtigen und manchmal konfliktträchtigen Zusammenhänge wahrzunehmen, in denen Menschen heute in den persönlichen und sozialen Dimensionen ihres Lebens von der Botschaft des Evangeliums getroffen werden und in denen sie als Christen gläubige Jünger sein wollen. Ein intensives Nachdenken über die kulturellen Veränderungen ist notwendig, wenn wir über den

Wandel der Religion und der religiösen Praxis in unserer säkularen Welt heute sprechen wollen.

Kultur und Religion sind immer miteinander verbunden, und kulturelle Veränderungen beeinflussen auch die religiöse Praxis. Religiöse Veränderungen wiederum ereignen sich im Kontext der gelebten Kultur. In *Evangelii nuntiandi* schreibt Papst Paul VI.: »Das Evangelium und somit die Evangelisierung identifizieren sich natürlich nicht mit der Kultur und sind unabhängig gegenüber allen Kulturen. Dennoch wird das Reich, das das Evangelium verkündet, von Menschen gelebt, die zutiefst an eine Kultur gebunden sind, und kann die Errichtung des Gottesreiches nicht darauf verzichten, sich gewisser Elemente der menschlichen Kultur und Kulturen zu bedienen. Unabhängig zwar gegenüber den Kulturen, sind Evangelium und Evangelisierung jedoch nicht notwendig unvereinbar mit ihnen, sondern fähig, sie alle zu durchdringen, ohne sich einer von ihnen zu unterwerfen. Der Bruch zwischen Evangelium und Kultur ist ohne Zweifel das Drama unserer Zeitepoche, wie es auch das anderer Epochen gewesen ist. Man muss somit alle Anstrengungen machen, um die Kultur, genauer die Kulturen, auf mutige Weise zu evangelisieren.«[22] Wenn wir unserer Gesellschaft das Evangelium verkünden wollen, müssen wir uns einige Merkmale der zeitgenössischen Kultur anschauen, um die Veränderungen in der religiösen Praxis zu verstehen.

Für die heutige Situation gilt: Um die gesellschaftliche Kultur zu verstehen, müssen wir mit Philosophie, Psychologie und moderner Naturwissenschaft gut vertraut sein. Wir müssen die Pluralität der Religionen und die multireligiösen Kontexte mitbedenken, in denen die Veränderungen und Entwicklungen in der Kultur stattfinden. Als die wichtigste Entwicklung, die unsere Kultur heute maßgeblich bestimmt, gilt vielen die Entstehung der *Idee des autonomen Selbst* in der westlichen Kultur.[23]

Die Autonomie des Selbst ist nicht lediglich eine akademische Vorstellung, sondern prägt das Lebensgefühl der Menschen und ihre Sicht auf die Welt, in der sie leben. Sie trat an die Stelle eines Eingebettetseins des Menschen in einen sinnvollen Kosmos, der sie umgibt. In der antiken griechischen Philosophie gab es von Anfang an zwei komplementäre Wege, um die materielle Welt zu betrachten. Der eine ist primär statisch und betont den Vorrang des Seienden (›essenzialistisches Denken‹); der andere ist mehr dynamisch und betont den Vorrang des Werdens (›existenzielles Denken‹). Beide Denkwege bestehen in der westlichen christlichen Welt nebeneinander fort in der Form der mittelalterlichen Synthese von Philosophie, Wissenschaft und Theologie.

Ein dynamisches Denken tendiert dazu, alles Existierende als miteinander verbundene Teile in einer integrativen Welt zu verstehen, welche von einer gottgegebenen Verwandtschaft aller Teile bestimmt ist. In der Antike sprachen die Pythagoreer etwa von der ›Harmonie‹ als kosmischem Prinzip, der Arzt Hippokrates von der ›Sympathie‹ als Prinzip des Zusammenwirkens aller Teile des Körpers.

Der Renaissancegelehrte Pico della Mirandola (1463–1494) vertrat in seinem Werk *Heptaplus*, einer philosophischen Auslegung der biblischen Schöpfungsgeschichte, die Vorstellung einer Einheit, in der jedes Ding nicht nur mit sich selbst eins (identisch) ist, sondern auch mit allen anderen zur Einheit des Universums beiträgt und zur Einheit der Schöpfung mit ihrem Schöpfer. In seiner Schrift *Über das Seiende und das Eine* schreibt er: »So wirkt sich im All ein großer Zusammenhang aus. Bald vereint sich alles mit allem in wechselseitiger Sympathie. Bald zieht ein jedes Wesen ganz auf sich selbst sich zurück, drängt hin zu seiner Natur und schließt sich fest zu einer Einheit ab. Dann strebt es wieder zu anderen Wesen, und zuletzt und zuhöchst strebt es hin zur Liebe Gottes.«[24] So verbindet er die Vorstellung, dass jede Kreatur ihre Identität behauptet, mit einer dynamischen Sicht, in der sie sich selbst durch ihre integrativen Bestrebungen transzendiert, zur Einheit des Universums beiträgt und zur Einheit mit dem Schöpfer findet.

Zusammenbruch eines einheitlichen Weltbildes

Das Weltbild eines sinndurchwirkten Kosmos zerbrach durch drei große historische Umwälzungen: die Reformation, die Entstehung der Naturwissenschaft und die Entwicklung neuer Technologien. Man könnte sagen, dass diese Veränderungen einen Sieg der linken Gehirnhälfte, die für das rationale, objektive Denken zuständig ist, über die rechte Gehirnhälfte, welche für das intuitive und affektive Denken steht, darstellen.

Die Veränderung des Weltbildes begann mit der Reformation. Der reformatorische Glaube konzentriert sich auf die Bedeutung des Willens des Gläubigen. Offenbarung geschieht nach ihm ausschließlich durch das Wort Gottes. Die Vorstellung, die Gegenwart des Göttlichen könnte auch durch materielle Dinge repräsentiert oder durch die Schöpfung als ihre Spur offenbart werden, verliert an Plausibilität. Natur und Offenbarungsglauben werden gewissermaßen voneinander abgetrennt. Damit war es nicht mehr möglich, die Welt als Einheit zu betrachten. Eine neue Vorstellung von Offenbarung und damit eine neue Weltsicht wurden prägend.

Gott kann nach dieser neuen Vorstellung dem rationalen Bewusstsein nur durch den begrifflichen Logos, durch das Wort, vermittelt werden, nicht durch vorrationale religiöse Erfahrungen wie Träume oder sakramentale Symbole. Insofern war die Weltsicht der Reformatoren dem Aufkommen eines mechanistischen Weltbildes in der Aufklärung förderlich.

Besonders die Fortschritte in der Naturwissenschaft und die Einsichten und Theorien von Männern wie Roger Bacon (1220–1292), Nikolaus Kopernikus (1473–1543), Galileo Galilei (1564–1642) und Isaac Newton (1642–1727) ersetzten das mittelalterliche Verständnis der Natur als eines ganzheitlichen Organismus und führten zu einem Verständnis der Natur als einer Maschine. René Descartes (1596–1650) formulierte die Implikationen dieser neuen wissenschaftlichen Weltsicht, indem er einen kranken Menschen mit einer schlecht angefertigten Uhr und einen gesunden Menschen mit einer richtig gebauten Uhr vergleicht.[25] Mit der Vorstellung der Körpermaschine zerbrach Descartes nicht nur die Verbindung zwischen Geist und Körper, sondern auch die enge Verbindung zwischen dem Menschen und der Welt.

Soziologen und Historiker wie Max Weber (1864–1920) und Richard H. Tawney (1880–1962) haben gezeigt, wie durch das kulturelle Ethos, das durch Reformation und naturwissenschaftliche Revolution entstand, die kapitalistische Wirtschaftsform wachsen konnte.[26] Indem die Natur säkularisiert und entsakralisiert und die Wichtigkeit eines Arbeitsethos betont wurde, bereiteten Reformation und naturwissenschaftliche Revolution dem Kapitalismus den Weg. Die Ursprünge des modernen Kapitalismus liegen zeitlich jedoch bereits vor der protestantischen Reformation. Letztlich begünstigte der frühe Kapitalismus die Entstehung von Protestantismus und Wissenschaft, da er eine neue religiöse Ethik und eine neue Weltsicht benötigte.

Protestantismus und wissenschaftliche Revolution bedingten und unterstützten sich gegenseitig: Das neue Arbeitsethos verhalf dazu, keinen Skrupel angesichts des Bedürfnisses zu empfinden, die Natur zu beherrschen und auszubeuten, vielmehr diese Herrschaft als moralisches Ziel anzusehen; die Technologien, die als Anwendung der neuen Wissenschaften entstanden, meisterten die Aufgabenstellung, die Ressourcen der Erde zu unterwerfen und auszubeuten. Dies wurde besonders mit Beginn der Industriellen Revolution im 19. Jahrhundert deutlich. Sie zerriss nicht nur die enge Bindung zwischen den Menschen und der Natur, sondern unterwarf auch die Menschen, ihre Beziehungen und ihre Rechte, den abstrakten und fühllosen Gesetzen des Marktes wie Profit und Verlust sowie Angebot und Nachfrage und förderten Wettbewerb eher als Zusammenarbeit. In Bezug auf die Solidarität der Gemeinschaft waren diese Entwicklungen nicht immer hilfreich, und sie sind es bis heute nicht.

Die Menschen des 21. Jahrhunderts müssen sich mit den schädlichen Konsequenzen dieser Art des Kapitalismus beschäftigen. Uns begegnet heute nicht nur eine ökologische Krise gefährlichen Ausmaßes, auch die Menschen selbst sind bedroht. Während eine zügellose Form des Kapitalismus fortbesteht, weitet sich die Schere zwischen Armen und Reichen immer mehr. Der unkontrollierte Kapitalismus hat negative Auswirkungen auch auf die Reichen. Immer mehr Menschen müssen zu den ›neuen Armen‹ gerechnet werden, wie sie Mutter Teresa von Kalkutta einmal genannt hat. Während es ihnen ökonomisch gut geht, sind sie von allen möglichen psychospirituellen Leiden betroffen. Aus Sicht des Glaubens sind sie insofern arm, als sie an einem Mangel an verständnisvoller Liebe leiden.

Folgen der neuzeitlichen Umwälzungen

Als Folge der genannten Umwälzungen wurde die Nabelschnur zerrissen, welche die Menschen mit dem Bereich der geschaffenen und ungeschaffenen Dimensionen der Wirklichkeit verbindet, mit unterschiedlichen, auch unvorhersehbaren Folgen. Die Welt wird eindimensional und dreht sich nur um sich selbst, denn sie scheint keine Verbindung mit der Transzendenz zu haben. Daraus entsteht eine Widersprüchlichkeit, die in eine gewisse Absurdität, in Entfremdung und Angst, Anomie und Apathie führt.

Absurdität

Die Welt aus der Sicht der newtonschen Wissenschaft und des cartesischen und kantianischen Idealismus wird zu einer Welt, in der Menschen sich als Treibende in einer Fremde ohne letztgültigen Sinn verstehen und empfinden. Ein nihilistischer Glaube kam auf, dass die Realität entgegen allem gegenteiligen Anschein letztlich absurd ist. Der französische Schriftsteller und Politiker André Malraux (1901–1976) stimmt mit den Ansichten der Philosophen Jean-Paul Sartre (1905–1980) und Albert Camus (1913–1960) überein, wenn er einen seiner Charaktere sagen lässt, dass in der Tiefe des europäischen Menschen, dort, wo er über die größten Momente seines Lebens entscheidet, eine grundlegende Absurdität verbleibe.[27]

Entfremdung

Es überrascht nicht, dass die Menschen in dem Maße, in dem sie die Verbindung zu einem ihnen übergeordneten und sie umgebenden Sinn verlieren, auch unter dieser Entfremdung leiden. Beides kann philosophisch und psychologisch als eng zusammengehörend bezeichnet werden. Psychologen beschreiben Entfremdung als Distanzierung von den eigenen Gefühlen, Wünschen, Vorstellungen und Energien. Es ist der Verlust des Gefühls, eine aktive, bestimmende Kraft im eigenen Leben zu sein. Für den Psychologen und Philosophen Erich Fromm (1900–1980) bildet Entfremdung in der modernen Gesellschaft einen Erfahrungszusammenhang, der die Beziehungen der Menschen zu sich selbst und den anderen Menschen, zu ihrer Arbeit und den Dingen der Welt umspannt. Therapeuten wie Erich Fromm und Viktor Frankl haben aufgewiesen, wie diese Arten der Entfremdung durch Bürokratie und Konsumismus verstärkt werden können.

In dieser Entfremdung wird nicht nur die eigene Identität ungewiss, sondern sehr viele Menschen fühlen sich auch von Gott entfremdet. Die heilige Thérèse von Lisieux (1873–1897), 1997 zur Kirchenlehrerin erhoben, bezeugt als Zeitgenossin dieses Gefühl der Entfremdung im Bericht ihrer Versuchung zum Atheismus. »Plötzlich verdichten sich die Nebel um mich her, sie dringen in meine Seele ein und umhüllen sie derart, dass ich in ihr das liebliche Bild meiner Heimat nicht mehr wiederzufinden vermag, alles ist entschwunden! Suche ich Ruhe für mein durch all die Finsternis ringsum ermattetes Herz in der Erinnerung an das lichtvolle Land, nach dem ich mich sehne, so verdoppelt sich meine Qual; die Stimme der Sünder annehmend, scheint die Finsternis mich zu verhöhnen und mir zuzurufen: ›– Du träumst von Licht, von einer mit lieblichsten Wohlgerüchen durchströmten Heimat, du träumst von dem ewigen Besitz des Schöpfers all dieser Wunderwerke, du wähnst eines Tages den Nebeln, die dich umfangen, zu entrinnen! Nur zu, nur zu, freu dich über den Tod, der dir geben wird nicht, was du erhoffst, sondern eine noch tiefere Nacht, die Nacht des Nichts‹.«[28]

Angst

Die Erfahrung von Entfremdung führt Menschen in eine tiefe innere Beklemmung. Das 20. Jahrhundert ist als das »Zeitalter der Angst« (W. H. Auden) bezeichnet worden. Der protestantische Theologe Paul Tillich (1986–1965) hat gezeigt, wie sich diese in neurotischen Formen niederschlagen kann.[29] Das Wort ›Angst‹ kommt vom lateinischen Wort *angustus*, was ›Enge‹ bedeutet. Ängstliche Menschen haben eine Tendenz dazu, misstrauisch zu sein, enggeistig und defensiv zu werden. Oft versuchen sie, ihrem inneren Schmerz durch eine Jagd nach Macht, Vergnügen und Status zu entkommen. Der Versuch, aus Angst und innerem Schmerz zu fliehen, führt zu allen Arten von Süchten und Obsessionen. Dies ist auch oft ein Grund für das sogenannte Burnout-Syndrom in unserer Zeit.

Anomie und Apathie

Entfremdung und Angst können in der modernen Gesellschaft zu dem führen, was wir als ›Anomie‹ bezeichnen. Der französische Soziologe Émile Durkheim (1859–1917) benutzte dieses Wort, um einen Status der Normenlosigkeit, des Zusammenbruchs von Handlungsregeln, von Werten und Zielen zu beschreiben. Dieses Konzept kann sowohl im psychologischen als auch im soziologischen Kontext verstanden werden. Der Psychologe Rollo May (1909–1994), Begründer der ›existential psychotherapy‹, vermutete, dass viele normlose Menschen ihre Ängste unterdrücken und dadurch apathisch werden. Sie vermeiden enge Beziehungen und leiden an ihrer Unfähigkeit, für irgendetwas tief zu empfinden. Sie versuchen, in ihrem Auftreten kühl, distanziert und überlegen zu sein. Apathie fungiert dann als eine Art Verteidigungsmechanismus gegen die Angst. Wer sich ständig Gefahren gegenübersieht, denen er sich nicht gewachsen fühlt, wird als letzte Verteidigungsmaßnahme die Apathie wählen, die Weigerung, die Gefahr überhaupt zu fühlen.[30]

Dominanz des »Männlichen«

Rationalismus und Positivismus haben die westliche Zivilisation während der vergangenen drei Jahrhunderte in besonderem Maße beeinflusst. Wenn wir das einseitige rationale und technische Denken als ›maskulin‹ bezeichnen, entsteht das Bild einer Welt, die arm ist an ›femininen‹ Werten. Es scheint, als ob der wachsende Säkularismus in westlichen Gesellschaften etwas mit der ›Maskulinisierung der Kultur‹ zu tun hat. Wir können beobachten, dass viele der Architekten des modernen westlichen Denkens Männer waren, die in besonderem Maße mit der linken Gehirnhälfte arbeiteten und zu den femininen Prinzipien keinen ungezwungenen Zugang hatten.

Dabei verwenden wir die Begriffe ›maskulin‹ und ›feminin‹ als Metaphern oder Chiffren für kulturell konditionierte, archetypische Charakteristiken. Das ›männliche‹ Prinzip wird dann als rational, freistehend und objektiv gekennzeichnet, während das ›weibliche‹ Prinzip als intuitiv-affektiv, relational und erfahrungsbasiert verstanden wird. Der französische Philosoph Henri Bergson (1859–1941), der rationalistischen Zugängen zur Wirklichkeit sehr kritisch gegenüberstand, schreibt 1903 in seiner *Introduction à la métaphysique:* »Intuition heißt jene Art von intellektueller Einfühlung, kraft deren man sich in das Innere eines Gegenstandes versetzt, um auf das zu treffen, was er an Einzigem und Unausdrückbarem besitzt. Die Analyse dagegen ist das Verfahren, das den Gegenstand auf schon bekannte, also diesem und anderen Gegenständen gemeinsame Elemente zurückführt.«[31]

In seinem mit Brendan O'Brien veröffentlichten Buch *Genius Genes: How Asperger Talents Changed the World* (2007) zeigt der irische Autismus- und Asperger-Syndrom-Experte Michael Fitzgerald auf, dass viele der Männer, welche prägend zum heutigen Weltbild beigetragen haben, Anzeichen von Autismus, insbesondere des Asperger-Syndroms, aufwiesen.

Menschen, die an diesen Krankheitssymptomen leiden, sind zumeist Einzelgänger mit engen, obsessiven

Interessen. Bestimmte Routinen, von denen sie besessen scheinen, dienen als Kontrollmechanismen gegen die Angst vor dem Chaotisch-Fremden. Sie erscheinen ihrer Mitwelt oft naiv, humorlos, physisch unkoordiniert und wenig einfühlsam. *René Descartes* (1596–1650) war ein klassisches Beispiel für einen Menschen mit Asperger-Syndrom. Er war ein Einzelgänger, alleinstehend und besessen von seiner Arbeit. Wie viele autistische Personen war auch er von der Welt verängstigt. Für Descartes repräsentierte das Universum kein sakramentales Wort Gottes, dem vertraut werden könnte, sondern war vielmehr der Ausdruck eines Göttlichen, das im besten Falle unfassbar, im schlimmsten Falle aber willkürlich und bedrohlich ist. In typisch autistischer Weise suchte er nach einer Sicherheit, auf die er sich verlassen konnte. Er schrieb: »Schon vor Jahren bemerkte ich, wie viel Falsches ich von Jugend auf als wahr hingenommen habe, und wie zweifelhaft alles sei, was ich später darauf gründete; darum war ich der Meinung, ich müsse einmal im Leben von Grund auf alles umstürzen und ganz von vorne anfangen, wenn ich je irgendetwas Festes und Bleibendes in den Wissenschaften aufstellen wolle.«[32] Er fand die Antwort nicht in Beziehung, sondern in der eigenen Subjektivität, wenn er sagte: »Ich denke, also bin ich.« Der einzige Weg, auf dem Descartes verhindern konnte, in seiner solipsistischen Isolation vollends zu stranden, war eine eigene Version des ontologischen Gottesargumentes. Wenn Gott existiert, so argumentiert er, würde die Gottheit als Garant für die Existenz der äußeren Welt und des eigenen Körpers fungieren. Einige Zeit später entkräftete Immanuel Kant (1724–1804) die Legitimität des ontologischen Argumentes, und später behauptete Ludwig Feuerbach (1804–1872), dass Gott lediglich eine Projektion des unendlichen Potenzials des menschlichen Subjekts sei.

Auch *Immanuel Kant* scheint mehr oder weniger stark unter dem Asperger-Syndrom gelitten zu haben. Auch er misstraute der Welt und nahm Zuflucht in der Subjektivität. Er führte aus, dass wir die Realität selbst nicht kennen können, sondern nur ihre äußere Erscheinungen, die wir durch die Kategorien unseres Geistes wie Kausalität, Qualität, Quantität, Relation und Modalität wahrnehmen. In der *Kritik der reinen Vernunft* schreibt er: »Wir haben jetzt das Land des reinen Verstandes nicht allein durchreiset, und jeden Teil davon sorgfältig in Augenschein genommen, sondern es auch durchmessen, und jedem Dinge auf demselben seine Stelle bestimmt. Dieses Land aber ist eine Insel, und durch die Natur selbst in unveränderliche Grenzen eingeschlossen. Es ist das Land der Wahrheit (ein reizender Name), umgeben von einem weiten und stürmischen Ozeane, dem eigentlichen Sitze des Scheins, wo manche Nebelbank, und manches bald wegschmelzende Eis neue Länder lügt, und indem es den auf Entdeckungen herumschwärmenden Seefahrer unaufhörlich mit leeren Hoffnungen täuscht, ihn in Abenteuer verflechtet, von denen er niemals ablassen, und sie doch auch niemals zu Ende bringen kann.«[33] Beachtlich ist, dass die Welt der Realität, die seine Subjektivität umgibt, ihn offenbar ängstigt, da sie sich seiner menschlichen Kontrolle entzieht.

Descartes und Kant wurden beispielhaft genannt, weil sie beide eine *Hermeneutik des Verdachts* vertreten, einen Wirklichkeitszugang, in dem ein Verstehen davon, wo alles an seinem rechten Platz ist, nicht in der externen Realität gefunden werden kann, sondern etwas ist, dass auf faustische Weise einer chaotischen Welt durch das denkende Subjekt abgerungen beziehungsweise aufgesetzt wird. Hinter diesem Verdacht gegenüber der Realität dürfte nicht so sehr dämonischer Stolz stehen, sondern autistische Weltverunsicherung.

Die autistische Personalität ist ein Extrem des typisch männlichen Profils. Eine stark verringerte Fähigkeit zur Empathie begegnet einer großen Fähigkeit zur Systematisierung. Viele äußerst intelligente und kreative Philosophen und Wissenschaftler haben mit dieser maskulinen Denkform unsere westliche Weltsicht beeinflusst und geprägt, sodass man mit einiger Begründung sagen kann, dass unser westlicher Weltzugang selbst in gewisser Weise autistisch, in Ängsten verwurzelt, alleinstehend und dysfunktional geworden ist.

Da die typischen Kräfte der männlichen Psyche die westliche Kultur dominieren, haben viele Menschen den Zugang zu ihrer tieferen ›femininen‹ Identität eingebüßt. Sie haben den Kontakt zu den ursprünglichen Kräften der Seele und ihres tieferen spirituellen Selbst, das nur durch das Bewusstsein des Transzendenten erfüllt werden kann, verloren. Die Entfremdung von der

Seele wurde noch verstärkt durch die Tatsache, dass die kulturelle Konditionierung auch viele Frauen von ihren eigenen femininen Tiefen entfremdet hat. Die Analytikerin Karen Horney spricht entwicklungspsychologisch von einer »Flucht aus der Weiblichkeit«, die allerdings nicht zuletzt realen Benachteiligungen geschuldet sei.[34]

Die Dominanz des Maskulinen und die Krise des Femininen ist ein zentraler Grund für die religiöse Krise unserer Zeit. Das sogenannte ›autonome Selbst‹ ist mehr ein Symptom als der wahre Grund unserer religiösen und kulturellen Probleme: In dem Maße, in dem Männer und Frauen den Kontakt zu ihrem femininen Archetyp verlieren, verlieren sie auch den Kontakt zu der Kraft ihres Selbst, die sie in intimer Weise aneinander, an die Natur und durch beides an Gott binden kann. Der Verlust der femininen, kontemplativen Dimension der menschlichen Psyche führt nahezu notwendigerweise zum scheinbaren ›Tod Gottes‹ und damit zu Agnostizismus und Atheismus, welche aus Sicht des Glaubens die Kultur ihrer tragenden humanen Grundlage berauben.

Der kalifornische Psychologe und Philosoph Richard Tarnas analysiert in seinem Werk *The Passion of the Western Mind* das maskuline Denken in der Evolution der westlichen Kultur: Die treibende Kraft hinter der Entwicklung der westlichen Kultur »war der heroische Impuls, durch den Abschied von der ursprünglichen Einheit mit der Natur ein autonomes und rationales Selbst zu schaffen. Die fundamentalen religiösen, wissenschaftlichen und philosophischen Perspektiven der westlichen Kultur wurde von diesem dezidiert männlichen Element geprägt … stets beruhte die Herausbildung des westlichen Geistes auf der Verdrängung des Weiblichen – der Verdrängung des undifferenzierten einheitlichen Bewusstseins, der *Participation mystique* mit der Natur, der fortschreitenden Negation der *Anima mundi,* der Weltseele, der Gemeinschaft des Seins, des Allumfassenden, von Mysterium und Vieldeutigkeit, Fantasie, Gefühl, Instinkt, Körper, Natur und Frau … Aber die Trennung weckt zwangsläufig die Sehnsucht nach dem Verlorenen. Und diese Sehnsucht nach einer Wiedervereinigung erreicht ihren Höhepunkt genau in dem Moment, in dem das männlich-heroische Streben in Gestalt des spätmodernen, in seiner absoluten Isolation alle bewusste Intelligenz im Universum für sich beanspruchenden Geistes sein letztes Extrem erreicht hat: Der Mensch allein ist bewusstes, intelligentes Wesen, der Kosmos hingegen blind und mechanistisch – und Gott ist tot«.[35]

Gegenreaktion des New Age

Gegen die ›Pathologien‹ der Entwicklung des westlichen Wirklichkeitszugangs erhebt sich Einspruch, vor allem durch neuere Ideologien, die versprechen, einen Paradigmenwechsel in Form eines fundamentalen Perspektivwandels zu aktivieren und einem neuen Zeitalter, einem *New Age,* den Weg zu bereiten.[36]

»Die Suche, die Menschen häufig in das New Age führt, ist ein ehrlicher Wunsch nach tieferer Spiritualität, nach etwas, das ihre Herzen berührt und nach einem Weg, einer verwirrenden und oft entfremdenden Welt Sinn zu geben. Es liegt ein positiver Grundton in der Kritik des New Age an dem ›Materialismus des täglichen Lebens, der Philosophie und sogar der Medizin und der Psychiatrie; an dem Reduktionismus, der es ablehnt, religiöse und übernatürliche Erfahrungen in Betracht zu ziehen; an der industriellen Kultur des uneingeschränkten Individualismus, die Egoismus lehrt und anderen Menschen, der Zukunft und der Umwelt keine Aufmerksamkeit schenkt.‹«[37]

Die verschiedenen Strömungen der New-Age-Bewegungen beziehen sich auf neuere naturwissenschaftliche Erkenntnisse (wie die Quantentheorie und die Chaostheorie) und neuere Ansätze der Psychologie. Anders als die klassische newtonsche Physik betont die Quantentheorie die innere Verbundenheit der geschaffenen Realität. Das Universum erscheint wesentlich als ein Feld von Energien, in dem die einzelnen Teile nur in ihrer Beziehung zum Ganzen verstanden werden können. Chaos- und die Komplexitätstheorien beschäftigen sich eingehend mit Ordnung und Unordnung im Universum. Dies alles stellt die newtonsche Behauptung der unveränderlichen Vorhersagbarkeit der Naturgesetze, die als gigantische mechanische Uhr verstanden werden, infrage. Auch in Entwicklungen der Psychologie wie der ›transpersonalen Psychologie‹ werden mechanistische Vorstellungen der menschlichen Psyche durch ganzheitlichere Perspektiven ersetzt, welche die Bereiche Seele, Körper und Geist mit einschließen. Weithin wird C. G. Jung recht gegeben, der von der Komplementarität von *animus* (männlich) und *anima* (weiblich) gesprochen hat, nicht nur in der interpersonalen Beziehung, sondern in der ganzen Kultur.

In der sogenannten New-Age-Bewegung werden Elemente neuerer wissenschaftlicher und psychologischer Ansätze verbunden mit Elementen esoterischer Religiosität. New Age geht das Problem der Rationalisierung der Kultur und der Autonomie des Selbst an. New-Age-Denken betont die Wichtigkeit des weiblichen Archetyps und der kontemplativen Fähigkeiten. Es durchbricht die Subjekt-Objekt-Dichotomie, welche für das moderne Denken charakteristisch ist, und ersetzt sie durch ein mystisches Verständnis der Verbundenheit aller Dinge. Aus dieser Perspektive trifft die New-Age-Bewegung interessante Aussagen zu Themen wie Ökologie und ganzheitlichem Verständnis der Schöpfung. Dabei werden nicht nur viele Mängel der westlichen Kultur richtig erkannt, sondern es werden neue Wege aufgewiesen, die nicht nur für viele Menschen attraktiv erscheinen, sondern auch eine ernsthafte Herausforderung an den christlichen Glauben und die Kirchen darstellen. Das Dokument *Jesus Christ the Bearer of the Water of Life. A Christian Reflection on the ›New Age‹* (»Jesus Christus der Spender lebendigen Wassers. Überlegungen zu New Age aus christlicher Sicht«), 2003 vom Päpstlichen Kulturrat und vom Päpstlichen Rat für den interreligiösen Dialog vorgelegt, bietet eine gut informierte Beschreibung der Weltsicht der New-Age-Bewegung. Als deren Kernpunkte nennt das Dokument:

- Die Welt, einschließlich der Menschen, ist Ausdruck einer höheren, umfassenderen göttlichen Natur.
- Verborgen in jedem Menschen liegt ein höheres, göttliches Selbst, welches eine Manifestation der höheren, umfassenderen göttlichen Natur ist.
- Diese höhere Natur kann geweckt und zum Zentrum des alltäglichen Lebens des Einzelnen werden.
- Diese Erweckung ist der Grund der Existenz des individuellen Lebens.

In der Analyse des Dokuments erscheint die New-Age-Bewegung als eine logische Reaktion auf den Materialismus und Rationalismus des kulturellen Mainstreams. Zum einen betont New Age die Wichtigkeit der Erfahrung im Allgemeinen und der religiösen Erfahrung im Besonderen innerhalb der zeitgenössischen Kultur. Zum anderen zieht New Age viele Menschen an, die nach einem sinnvollen spirituellen Leben streben, aber desillusioniert sind von den institutionellen Kirchen. Schließlich erscheint New Age weniger als ein neues Phänomen denn als eine Rückkehr der antiken Gnosis, welche Erlösung durch das Erreichen höherer Stufen des Bewusstseins zu erlangen sucht. Doch wie die Lehre der Gnosis für die frühe Christenheit ist auch die Weltsicht der New-Age-Bewegung für Christen heute nicht akzeptabel; das Dokument *Jesus Christ the Bearer of the Water of Life* zeigt auch die Gründe hierfür auf:[38]

Zum Ersten ist Gott für den christlichen Glauben keine unpersönliche Energie, sondern personale Trinität, Vater, Sohn und Heiliger Geist.

Zum Zweiten ist für den christlichen Glauben Jesus von Nazaret nicht eine von zahlreichen historischen Manifestationen eines kosmischen und universellen Christus, sondern die Menschwerdung des ewigen Wortes Gottes in der Zeit »ein für alle Mal« (Hebr 7,27).

Zum Dritten glauben Christen, dass wir nicht durch unsere eigenen unvollkommenen Versuche erlöst werden können, sondern Erlösung ein Geschenk ist, allein durch die Gnade Gottes im Glauben an Jesus Christus, während für die New-Age-Bewegung Erlösung und Erleuchtung darin bestehen, dass wir selbst durch menschliche Anstrengung und psychologische Methoden daran arbeiten, unser Bewusstsein auf neue Ebenen zu heben.

Zum Vierten weisen Christen die Interpretation des New Age zurück, wonach Sünde lediglich eine unvollkommene Form des Wissens sei, die durch die Methoden des New Age vermindert werden könne.

Gerade im Blick auf die kritischen Ansätze des New Age gegenüber dem Rationalismus des westlichen Denkens unterstreicht das Dokument *Jesus Christ the Bearer of the Water of Life* als Herausforderung der Evangelisierung in unserer Zeit, »aufzuzeigen, wie ein gesundes Zusammenwirken von Glaube und Vernunft das menschliche Leben verbessert und zur Achtung für die Schöpfung ermutigt«.[39]

Evangelisierung im heutigen kulturellen Milieu

Die Sendung, das Evangelium unseren Zeitgenossen zu verkünden, stellt Christen vor die Aufgabe, sich mit dem gegenwärtigen Zeitgeist kritisch auseinanderzusetzen und zu einem tieferen Verständnis der heutigen Kultur zu kommen. Bereits die ersten Missionare des Evangeliums »halten sich stets die Erwartungen und Hoffnungen, die Sorgen und Leiden, die Kultur der Menschen gegenwärtig, um ihnen das Heil in Christus zu verkünden. Die Reden [des Paulus] in Lystra und Athen (vgl. Apg 14,11–17; 17,22–31) werden als Muster der Evangelisierung bei den Heiden angesehen: Paulus kommt mit den Kulturen und religiösen Werten verschiedener Völker ins Gespräch. Den Bewohnern von Lykaonien, die eine kosmische Religion praktizierten, bringt er religiöse Erfahrungen in Erinnerung, die sich auf den Kosmos beziehen; mit den Griechen spricht er über Philosophie und zitiert ihre Dichter (vgl. Apg 17,18.26–28). Der Gott, den er ihnen offenbaren will, ist in ihrem Leben schon anwesend: er hat sie nämlich geschaffen und leitet geheimnisvoll die Völker und die Geschichte (vgl. Apg 14,16–17); dennoch sollen sie, um den wahren Gott zu erkennen, ihre falschen, von ihnen selbst verfertigten Götter verlassen und sich für jenen öffnen, den Gott gesandt hat, um ihrer Unwissenheit abzuhelfen und die Erwartung ihres Herzens zu erfüllen (vgl. Apg 17,20.30). Dies sind Reden, die als Beispiele für die Inkulturation des Evangeliums gelten können«, so Johannes Paul II.[40] Der Apostel Paulus bietet einen christlichen Maßstab für den Umgang mit der jeweiligen Kultur: Anknüpfung, Unterscheidung und Reinigung, die zur Christianisierung und Humanisierung der Kulturen führen.

Was können wir von diesem Vorbild und Maßstab des Paulus lernen? Die christliche Lehre wird heute oft noch in den statischen und rationalistischen Kategorien der griechisch-römischen Weltsicht ausgedrückt. Die klassische Mentalität ist deduktiv. Sie legt den Schwerpunkt auf universale abstrakte Prinzipien und notwendige Schlüsse. Sie versucht, Aussagen a priori zu treffen, das heißt als ein Wissen unabhängig von der Erfahrung. Sie untersucht die Natur der Dinge und zieht logische Schlüsse in Bezug auf die Frage, ob bestimmte partikuläre Fälle mit den festgesetzten Prinzipien korrespondieren oder nicht. Die ganzheitliche Art des Denkens tendiert hingegen dazu, praktisch und a posteriori vorzugehen, das heißt sie bevorzugt Wissen geprüft durch die Erfahrung. Sie legt den Schwerpunkt auf die sich verändernden Umstände und auf kontingente Schlüsse. Sie setzt an bei den konkreten Daten, wendet eine empirische Methode an, betont die Hermeneutik und zieht ihre Schlüsse induktiv aus den Quellen. Wenn christliche Lehre nicht anachronistisch und irrelevant erscheinen will, muss sie in den dynamischen Kategorien unserer Zeit ausgedrückt werden.

Wir müssen heute das versuchen, was Paulus ebenso wie die Kirchenväter und Theologen der frühen Kirche in ihrer Zeit erreicht haben. Sie drückten die Wahrheit der Bibel in der Sprache des kulturellen Milieus der

Menschen aus, zu denen sie gesandt waren und mit denen sie lebten, um eine christliche Weisheitslehre zu entwickeln und so die zeitgenössische Kultur zu prägen. Heute gilt es etwas ganz Ähnliches zu tun: eine *zeitgemäße* Sprache zu finden, in der wir die *ewigen* christlichen Wahrheiten ausdrücken können.

Zum Beispiel mag das Wort ›Sünde‹ von vielen Menschen heute nicht mehr richtig verstanden werden, doch Worte wie Nicht-Authentizität, Entfremdung oder Sucht können als Verstehenszugänge für die Bedeutung dessen verwendet werden, was der Glaube mit dem überlieferten Sündenbegriff meint.

Wenn wir heute das Evangelium verkünden wollen, haben wir die persönliche *Erfahrung* und die verschiedenen Formen der säkularen Weisheit mit der Schrift und der Lehre der Kirche in Verbindung zu bringen. In einem von der Sehnsucht nach Erfahrung getragenen Zeitalter wie dem unseren müssen wir eine gewisse Kenntnis der Psychologie, der Natur und Dynamik von Neurosen, Süchten, Stress, Furcht und Depressionen haben. Ein Grund für den Erfolg der weltweiten pentekostalen und charismatischen Bewegungen liegt wohl darin begründet, dass es in ihrem Zugang zur Evangelisierung eine große erfahrungsbezogene ganzheitliche Komponente gibt (etwa den Schwerpunkt auf den Heiligen Geist bei der Taufe, eine existenzielle Glaubenserfahrung und die heilende und heilsame Kraft des Gebets).[41]

Wie aber verhalten sich Glaube und Erfahrung zueinander? Für viele Zeitgenossen ist der Zugang zum Glauben noch immer durch die newtonsche Weltsicht des Universums als eines geschlossenen Systems geprägt, regiert durch unerbittliche physische Gesetze. Erfahrung und das Übernatürliche schließen dann einander aus. Wunder oder die Antwort auf ein Bittgebet erscheinen vor dem Hintergrund dieser geschlossenen Weltsicht nur denkbar als Intervention eines *deus ex machina*[42] und damit für gebildete Menschen als unannehmbar. Um den Sinn für das Übernatürliche freizulegen, braucht die Verkündigung des Evangeliums zum einen Apologeten, die mit der modernen Wissenschaft vertraut sind und aufzeigen können, dass die Erkenntnisse der nachnewtonschen Physik kein geschlossenes Universum voraussetzen, um die Weltphänomene zu erklären. Zum anderen ist es Aufgabe aller Christen, die Gegenwärtigkeit des Übernatürlichen unter uns aufzuzeigen, indem wir die Gaben des Geistes Gottes, besonders die machtvollen Charismen wie Glaube und Heilung (vgl. 1 Kor 12,9), ausüben. Paulus bezeichnet diese Taten zutreffend als *phanerosis,* als Manifestation der transzendenten Gegenwart und Macht Gottes (vgl. 1 Kor 12,7).

Leitend für die Evangelisierung im kulturellen Kontext unserer Zeit ist die Einsicht des Glaubens, dass – nach allen Verunsicherungen des Menschen durch die beschriebenen Entwicklungen der Moderne – sich das Geheimnis des Menschen erst im Geheimnis Gottes erschließt. Zwei Abschnitte aus *Gaudium et spes,* der Pastoralkonstitution über die Kirche in der Welt von heute, waren für Johannes Paul II. die theologischen Dreh- und

Angelpunkte des Konzils – so George Weigel in seiner Biografie des Papstes[43]: GS 22 und 24.

»Tatsächlich klärt sich nur im Geheimnis des fleischgewordenen Wortes das Geheimnis des Menschen wahrhaft auf … Denn er, der Sohn Gottes, hat sich in seiner Menschwerdung gewissermaßen mit jedem Menschen vereinigt« (GS 22).

In der Sicht des Konzils und des Papstes können Menschen ihr tiefstes Selbst nur in der Beziehung zu Gott in Jesus Christus erkennen. Wenn »der Herr Jesus zum Vater betet, ›dass alle eins seien … wie auch wir eins sind‹ (Joh 17,20–22), und damit Horizonte aufreißt, die der menschlichen Vernunft unerreichbar sind, legt er eine gewisse Ähnlichkeit nahe zwischen der Einheit der göttlichen Personen und der Einheit der Kinder Gottes in der Wahrheit und der Liebe. Dieser Vergleich macht offenbar, dass der Mensch, der auf Erden die einzige von Gott um ihrer selbst willen gewollte Kreatur ist, sich selbst nur durch die aufrichtige Hingabe seiner selbst vollkommen finden kann« (GS 24).

Im Horizont dieser Sicht des Menschen warnt Johannes Paul II. vor dem Nihilismus als Folge einer a-theistischen Amnesie: »So wird der Möglichkeit Platz geschaffen, vom Angesicht des Menschen die Züge zu löschen, die seine Gottähnlichkeit offenbaren, um ihn fortschreitend entweder zu einem zerstörerischen Machtwillen oder in die Verzweiflung der Einsamkeit zu treiben. Wenn man dem Menschen einmal die Wahrheit genommen hat, ist die Behauptung, ihn befreien zu wollen, reine Illusion. Wahrheit und Freiheit verbinden sich entweder miteinander oder sie gehen gemeinsam elend zugrunde.«[44]

Deshalb muss die heutige Verkündigung im besten Sinne, wie es der Epheserbrief darstellt, die Wahrheit in Liebe sagen (vgl. Eph 4,15). Die Aufgabe der Evangelisierung heute ist es, der religiösen Esoterik ebenso wie dem theoretischen und praktischen Atheismus unserer Zeit aufzuzeigen, dass der Gott des Evangeliums nicht der Feind des Menschen und der Verhinderer seiner Freiheit ist, wie dies viele kritischen Geister meinen, sondern dass erst die Erkenntnis Gottes dem Menschen ermöglicht, sein ganzes menschliches Potenzial zu entfalten.

3 Wege der Evangelisierung

Modelle und Orientierungen

Das Evangelium heute glaubwürdig zu bezeugen und zu verkünden stellt uns vor theologische, pastorale und spirituelle Herausforderungen.[45] Theologisch wollen wir die Sendung der Kirche und die Berufung der einzelnen Christen verstehen, die Frohe Botschaft in der Welt von heute zu verbreiten. Pastoral wollen wir Wege finden, um die Theologie der Evangelisierung in pastorale Tätigkeiten zu überführen. Spirituell wollen wir in unseren Herzen dazu motiviert sein, unseren Glauben zu verlebendigen und zu vertiefen, um so selbst die Kraft der christlichen Hoffnung und die Freude unseres Glaubens zu erfahren. Wir können die Herausforderung der Evangelisierung dann meistern, wenn wir selbst bereit sind, unsere Identität als katholische Christen wieder zu entdecken und mit der ganzen Kirche zu denken und zu empfinden.

Das Wort Evangelisierung kommt aus dem Griechischen und bedeutet so viel wie »die Gute Nachricht verkünden«. In seinem Apostolischen Schreiben *Evangelii nuntiandi* stellte Papst Paul VI. das Ziel der Evangelisierung dar: Die »Kirche evangelisiert, wenn sie sich bemüht, durch die göttliche Kraft der Botschaft, die sie verkündet, zugleich das persönliche und kollektive Bewusstsein der Menschen, die Tätigkeit, in der sie sich engagieren, ihr konkretes Leben und jeweiliges Milieu umzuwandeln«.[46] Evangelisieren bedeutet, auf einfache und direkte Weise Zeugnis zu geben von Gott, der sich uns durch Jesus Christus im Heiligen Geist offenbart hat.

Der Ruf zur Evangelisierung ergeht an alle getauften Christen, ganz gleich, ob Kleriker oder Laien. So heißt es in Canon 781 des Kirchlichen Gesetzbuches (CIC): »Die ganze Kirche ist ihrer Natur nach missionarisch, und das Werk der Evangelisierung ist als grundlegende Aufgabe des Volkes Gottes anzusehen; daher haben alle Gläubigen, im Wissen um die ihnen eigene Verantwortung, ihren Teil zur Missionsarbeit beizutragen.« Canon 211 führt aus: »Alle Gläubigen haben die Pflicht und das Recht, dazu beizutragen, dass die göttliche Heilsbotschaft immer mehr zu allen Menschen aller Zeiten auf der ganzen Welt gelangt.« Der Katechismus der Katholischen Kirche ergänzt: »Die Laien erfüllen ihre prophetische Sendung auch durch die Evangelisation, ›dass nämlich die Botschaft Christi durch das Zeugnis ihres Lebens und das Wort öffentlich bekanntgemacht wird‹. Bei den Laien erhält diese Evangelisation ›eine eigentümliche Prägung und besondere Wirksamkeit von daher, dass sie in den gewöhnlichen Verhältnissen der Welt erfüllt wird‹« (KKK 905). In *Evangelii nuntiandi* schreibt Papst Paul IV. über den Gegenstand der Evangelisierung: »Die Evangelisierung wird auch immer – als Grundlage, Zentrum und zugleich Höhepunkt ihrer Dynamik – klar verkünden müssen, dass in Jesus Christus, dem menschgewordenen, gestorbenen und auferstandenen Sohne Gottes, das Heil einem jeden Menschen angeboren ist als ein Geschenk der Gnade und des Erbarmens Gottes selbst.«[47]

Das Wort Evangelisierung beschreibt im Sprachgebrauch der Kirche eine Vielzahl wichtiger, gegenseitig aufeinander bezogener Aktivitäten.[48] Katholiken sollten es begrüßen, dass es verschiedene Möglichkeiten und Wege der Evangelisierung gibt. Dies verhindert den kurzsichtigen Eindruck, dass der spezifische Weg, auf dem sich eine Gruppe oder ein einzelner Christ zur Evangelisierung berufen glaubt, der einzige Weg ist. Im Folgenden seien einige zentrale Elemente für die Evangelisierung aufgezählt.

Der Begriff *Pre-Evangelisierung* bezieht sich auf Präsenz und Aktivität von Christen in nichtchristlichen Umgebungen. Indem sie Zeugnis für den Herrn ablegen mit ihrem guten Leben und ihrem Dienst für die Gemeinschaft in Bereichen wie Pflege, Ausbildung und Einsatz für Gerechtigkeit, legen diese Christen den Grundstein für die Verkündigung des Evangeliums. Sie sind ein wenig wie Bauern, die den Boden pflügen, um ihn für die Saat vorzubereiten.

Papst Paul VI. drückt dies so aus: Verkündigung geschieht, »wenn ein einzelner Christ oder eine Gruppe von Christen inmitten der menschlichen Gemeinschaft, in der sie leben, ihre Verständnis- und Annahmebereitschaft, ihre Lebens- und Schicksalsgemeinschaft mit den anderen, ihre Solidarität in den Anstrengungen aller für alles, was edel und gut ist, zum Ausdruck bringen. Ferner auch dadurch, dass sie auf ganz einfache und spontane Weise ihren Glauben in Werte bekunden, die über den allgemeingängigen Werten stehen, und ihre Hoffnung in etwas, das man nicht sieht und von dem man nicht einmal zu träumen wagt. Durch dieses Zeugnis ohne Worte wecken diese Christen in den Herzen derer, die ihr Leben sehen, unwiderstehliche Fragen: Warum sind jene so? Warum leben sie auf diese Weise? Was – oder wer – ist es, das sie beseelt? Warum sind sie mit uns? In der Tat, ein solches Zeugnis ist bereits stille, aber sehr kraftvolle und wirksame Verkündigung der Frohbotschaft. Es handelt sich hier um eine Anfangsstufe der Evangelisierung.«[49]

Evangelisierung bedeutet, den Menschen die grundlegende Wahrheit des Glaubens an den erlösenden Tod und die Auferstehung Jesu Christi zu verkünden. Dies kann auf drei verschiedene Weisen geschehen:

- Evangelisierung: Die Frohe Botschaft wird Menschen verkündet, die sie noch nie zuvor gehört haben.
- Re-Evangelisierung: Die Frohe Botschaft wird den Menschen verkündet, deren Vorfahren Christen waren, die selbst jedoch keine Christen mehr sind. Diese Situation finden wir vor allem in Europa vor, wo Menschen, die nominell Christen sind, ihre Kinder nicht mehr taufen lassen. In Deutschland und Italien treten zudem viele Menschen zivilrechtlich aus der Kirche aus.

- Neu-Evangelisierung: Die Frohe Botschaft wird den Getauften verkündet, die – aus welchem Grund auch immer – sehr wenig über ihn wissen. Neuevangelisierung versucht, das Evangelium in Beziehung zu ihrer Lebenssituation zu bringen. Papst Paul VI. schreibt dazu: »Die Evangelisierung verliert viel von ihrer Kraft und Wirksamkeit, wenn sie das konkrete Volk, an das sie sich wendet, nicht berücksichtigt und nicht seine Sprache, seine Zeichen und Symbole verwendet, nicht auf seine besonderen Fragen antwortet und sein konkretes Leben nicht einbezieht.«[50] Johannes Paul II., der Prophet der Neuevangelisierung, sprach von der Notwendigkeit einer neuen Art, das Evangelium zu verkünden: mit Lebendigkeit, neuen Methoden, neuen Ausdrucksformen und unter Berücksichtigung der besonderen Charakteristika der modernen Kultur.

Die Verkündigung des Evangeliums kann in allen drei genannten Fällen eine Antwort des Glaubens hervorrufen. »So gründet der Glaube in der Botschaft, die Botschaft aber im Wort Christi« (Röm 10,17).

Die Katechese baut auf den grundlegenden Wahrheiten des Glaubens auf, indem sie den Menschen mehr über ihren Glauben und die rechte Art, als Jünger Christi zu leben, erzählt. In *Catechesi tradendae* schreibt Johannes Paul II.: Das Ziel der Katechese ist es, in einen reifen und erwachsenen Glauben zu führen. Gemeint ist ein Glaube, in dem der Gläubige Jesus Christus als den einen Herrn anerkennt und sich ihm in der Umkehr des Herzens ganz anvertraut. Dies ist möglich, da er zuvor Jesus Christus tiefer kennengelernt hat: sein Mysterium, seine Botschaft vom Reich Gottes, die Forderungen, aber auch die Versprechen seiner Frohen Botschaft und den Pfad zum Heil, den er allen eröffnet, die ihm nachfolgen wollen.[51]

Evangelisierung als Apologie bezieht sich auf rationale Argumente, um die Vernünftigkeit des Glaubens aufzuweisen. Als Apologet wird jemand bezeichnet, der die Legitimität der christlichen Lehre gegen Kritik und Falschdarstellungen verteidigt. »Seid stets bereit, jedem Rede und Antwort zu stehen, der von euch Rechenschaft fordert über die Hoffnung, die euch erfüllt« (1 Petr 3,15). Christlicher Glaube muss, während er sich selbst treu bleibt und der Verkündigung des Evangeliums und der Tradition der Kirche folgt, die verschiedenen Gesichter der Kulturen und der einzelnen Menschen annehmen, die ihn empfangen und aus ihm leben. Dies ist ein entscheidender Punkt der Neuevangelisierung. Während der Inhalt der Botschaft Jesu Christi der gleiche bleibt, müssen wir doch neue Ausdrucksformen dafür finden. Johannes Paul II. sieht dabei in der Areopag-Rede des Paulus ein Vorbild für die Evangelisierung.[52] Paulus tritt in einen Dialog mit den kulturellen und religiösen Werten der Athener. Er bezieht sich auf das griechische Weltbild, nachdem das Universum seinen Ursprung im Göttlichen haben muss. Dabei zitiert er zwei griechische Philosophen: Epimenides von Knossos (6. Jh. vor Chr.)

und Aratus von Soli (3. Jh. vor Chr.). Auf diesem Weg möchte er seinen Zuhörern zeigen, dass Gott in ihrem Leben bereits als Schöpfer und Beistand gegenwärtig ist. Um aber sein Wesen wirklich zu erkennen, müssen sich die Griechen von ihren falschen Göttern lossagen. Heute müssen wir auf gleiche Art mit zeitgenössischen Entwicklungen wie Wissenschaft, Technologie, Säkularismus, Postmodernismus etc. verfahren.

Als Christen sind wir zur Evangelisierung berufen. Es ist unsere wichtigste Aufgabe, unseren Zeitgenossen dabei zu helfen, ihre Herzen zu öffnen, sodass über die Unzulänglichkeit der säkularen und materialistischen Kultur hinweg wahre Zufriedenheit und Freude in ihnen wächst. Wir bezeugen das Evangelium, indem wir mutig von der Freude berichten, die aus der Nachfolge Christi und dem Leben nach seinen Geboten entspringt, und indem wir die Menschen daran erinnern, dass unsere Herzen für den Herrn gemacht sind und dass sie nicht still werden, bis sie Ruhe finden in ihm.

Wir erleben heute in vielen Teilen der Kirche eine Krise des Glaubens. Die Krise kann dabei ganz im Sinne der ursprünglichen Bedeutung des Wortes *krisis* als Scheidepunkt verstanden werden. Die weitere Entwicklung der Kirche ist abhängig von unserer Entscheidung. In diesem Kontext lohnt es sich, die prophetischen Worte Papst Johannes Pauls II. ins Gedächtnis zu rufen, der von der Ankunft eines neuen Frühlings der Christenheit spricht, der durch die Neuevangelisierung eingeleitet wird.[53] Beim Ad-limina-Besuch der bayerischen Bischöfe am 4. Dezember 1992 sagte er: »Die Neuevangelisierung beginnt mit der klaren und nachdrücklichen Verkündigung des Evangeliums, das sich an jeden Menschen wendet. Dabei ist es notwendig, in den Gläubigen die volle Verbundenheit mit Christus, dem einzigen Erlöser der Menschen, wieder zu wecken. Nur aus einer persönlichen Verbundenheit mit Jesus kann sich eine wirksame Evangelisierung entfalten.«[54]

Sicherlich gibt es mehrere Formen der Evangelisierung. Doch die grundlegende Form ist die kerygmatische Evangelisierung, das heißt: die klare und eindeutige Verkündigung der Person Jesu Christi. In seiner Ansprache an die deutschen Bischöfe vom August 2005 sagte Papst Benedikt XVI.: Wir müssen »ernstlich – in ganz Europa … – darüber nachdenken, wie wir heute wirklich Evangelisierung, nicht nur Neuevangelisierung, sondern oft eben auch Erstevangelisierung leisten können. Die Menschen kennen Gott nicht, kennen Christus nicht. Ein neues Heidentum ist da, und es genügt nicht, dass wir versuchen, die bestehende Herde zu erhalten – das ist sehr wichtig –; aber es drängt sich die große Frage auf: Was ist eigentlich das Leben? Und wir müssen, denke ich, alle miteinander versuchen, neue Weisen zu finden, wie wir in diese heutige Welt hinein wieder das Evangelium tragen, dort wieder Christus verkünden und den Glauben aufrichten können«.[55]

Viele Priester und Laien denken, wenn sie das Wort Evangelisierung hören, in leicht selbstgerechter Weise, dies sei etwas, in das sie längst auf verschiedene Art involviert sind. Es gibt eine Einstellung, die besagt: Alles, was wir tun, ist eine Form der Evangelisierung. Dies mag zutreffen, doch wenn Menschen von Neuevangelisierung sprechen, haben sie etwas Spezifisches im Sinn: Neuevangelisierung ist in erster Linie die klare und eindeutige Verkündigung der Person Jesu Christi, die Verkündigung seines Namens, seiner Lehre, seines Lebens, seiner Heilsversprechen und seines Königreiches, das er uns durch sein Paschageheimnis erschlossen hat. Sie schließt die aktive Teilhabe jedes Christen in der Verkündigung und der Demonstration des christlichen Glaubens ein, der die einzige ganzheitliche und bleibend gültige Antwort auf die Probleme und die Sehnsucht nach Leben jedes Menschen und jeder Gemeinschaft ist. Neuevangelisierung richtet sich an die Menschen, die nach wie vor zur Kirche gehen, aber nicht voll evangelisiert sind, ebenso wie auf Kirchenferne und Nicht-Glaubende.

Modelle der Evangelisierung

Unser Verständnis und unsere Interpretation der Welt werden häufig von unbewussten Faktoren beeinflusst. Neben der Ebene des Bewusstseins, auf der wir über Gott nachdenken, gibt es die Ebene unserer grundlegenden Gefühle und unseres Vertrauens auf Gott, die größtenteils unbewusst sind und üblicherweise bereits in der Kindheit geformt werden. Um unsere unbewussten Annahmen auf die Ebene eines bewussten Erkennens zu heben, um in einen konstruktiven Dialog über die Probleme und Herausforderungen zu treten, denen wir im Zuge der Neuevangelisierung begegnen, ist es hilfreich, Modelle der Evangelisierung zu entwickeln. Diese Modelle können als Beispiele und Vorbilder einer bestimmten Art der Evangelisierung verstanden werden.

Vor einigen Jahren legte der amerikanische Theologe und Jesuit Avery Dulles SJ (1918–2008), als Student zum Katholizismus konvertiert und 2001 zum Kardinal erhoben, in seinem Buch *Models of the Church* verschiedene Kirchenmodelle vor.[56] Diese einflussreiche Arbeit zeigte, dass das Wort ›Kirche‹ von verschiedenen Personen sehr unterschiedlich verstanden werden kann. Das persönliche Verständnis der Kirche nährt sich auch von unbewussten Annahmen über die Kirche. Dulles beschreibt sechs Modelle eines katholischen Kircheverständnisses:

1. Kirche als Institution (einschließlich einer Hierarchie der Dienste, in der sich die Sendung Christi fortsetzt, und einem grundlegenden Bedürfnis nach Ordnung, Einheit und einem Fortbestand der Lehre)
2. Kirche als mystische Gemeinschaft (einschließlich unserer geheimnisvollen spirituellen Einheit mit Gott und untereinander als Glieder des einen Leibes Jesu Christi)
3. Kirche als Sakrament (einschließlich der Aufgabe, wirksames Zeichen der Gegenwart Gottes in der Welt zu sein)
4. Kirche als Botin (einschließlich der Mission zur Verkündigung des Wortes Gottes innerhalb und

außerhalb der Kirche, auch unter den Kirchenfernen und Nicht-Glaubenden)

5. Kirche als Dienerin (einschließlich eines Dialoges mit der Gesellschaft und dem Beistand für die Bedürftigen)
6. Kirche als Gemeinschaft der Jünger (einschließlich der Bereitschaft, stets ein Lernender zu bleiben, sich durch die Heilige Schrift formen zu lassen, in Liebe zu handeln, an Jesu Sendung und Dienst teilzuhaben und mitverantwortlich zu sein für Sendung und Identität der Kirche).

Diese Modelle sind Idealtypen, sie sind wie Bilder, die bestimmte Schwerpunkte darstellen, ins Licht rücken, in den Vordergrund stellen. Sie ermöglichen uns, bestimmte Erfahrungen von Kirche wahrzunehmen und zu interpretieren. Avery Dulles zeigt in seinen Schriften auf, wie Modelle genutzt werden können, um wichtige theologische Ideen zu verstehen.[57] Idealerweise sollten Modelle klar und präzise sein. Sie stellen Idealtypen dar. Eine konkrete Person wird kaum mit nur einem einzigen Modell ganz übereinstimmen, vielmehr werden sich in ihren Positionen, auch wenn sie überwiegend einem bestimmten Modell zuzuordnen sind, auch kennzeichnende Annahmen eines anderen Modells finden. Es ist zudem wichtig, zu bedenken, dass diese Modelle beschreibenden, nicht beurteilenden Charakter haben. Sie alle sind bis zu einem bestimmten Punkt gültig und haben jeweils spezifische Stärken und Schwächen.

Ein großes Hindernis für die Evangelisierung sind Unstimmigkeiten und Spaltungen in der Kirche. Solche Spannungen können herrühren von einer grundlegenden Differenz darin, welches Bild sich der Einzelne von Gott macht, wie er sich ihm annähert, ihn erfährt und wie er seine Erfahrungen mit Gott ausdrückt. Anders ausgedrückt: Theologische Konflikte haben ihre Wurzeln oft in unterschiedlichen Spiritualitäten.

Innerhalb der Kirche lassen sich drei Modelle der Spiritualität unterschieden, die von unterschiedlichen Zugängen zum Glauben geprägt sind:

- eine Spiritualität, die den *Glauben als von Gott anvertrautes »depositum fidei«,* als überliefertes und anvertrautes Glaubensgut sieht. Sie legt Wert auf die Transzendenz Gottes, und die lehramtliche Verkündigung der Kirche ist für sie wichtige Vorgabe. Praxis erscheint als Folge des Glaubens in der Gestalt des Gehorsams gegenüber dem Gebot Gottes;
- eine Spiritualität, die den *Glauben als Weckruf des Heiligen Geistes* begreift. Die Vertreter dieser Spiritualität streben danach, sich in allen Dingen durch den Geist Gottes führen zu lassen. Praxis erscheint als Folge des erweckten Glaubens in der Gestalt des persönlichen Hörens auf Gottes Wort und das eigene Gewissen;
- eine Spiritualität, die *Glauben als Reich-Gottes-Praxis in der Nachfolge Jesu* begreift. Sie legt Wert auf die Begegnung mit Jesus als dem Immanu-El, dem

»Gott mit uns«. Praxis erscheint ihren Vertretern als ethische und politische Ausdrucksgestalt der Nachfolge Christi im Einsatz für Gerechtigkeit.

Es ist deutlich: Die verschiedenen Ansätze der Theologie sind üblicherweise dadurch geprägt, welche Form der Spiritualität ihre Vertreter prägt. Wer etwa in seine Spiritualität Glauben als überliefertes Heilsgut begreift, versteht auch die Kirche in der Regel primär als Institution oder Sakrament; die Anhänger einer Spiritualität, in deren Zentrum die Erweckung durch den Heiligen Geist steht, vertreten üblicherweise ein Modell der Kirche als Botin oder als mystische Gemeinschaft, und Christen, die in ihrer Spiritualität Glauben primär als Nachfolgepraxis verstehen, begreifen die Kirche primär als Dienerin oder Jüngergemeinschaft.

Einige Jahre nach der Veröffentlichung seiner Arbeit über die Modelle der Kirche schlug Avery Dulles vor, dass man auch von drei Modellen des Glaubens sprechen könne: dem intellektualistischen Modell (Glaube als geistige Zustimmung zu den von der Kirche gelehrten Wahrheiten), dem treuhänderischen Modell (Glaube als tiefes Vertrauen in Person und Botschaft des Herrn) und dem performativen Modell (Glaube als Handlung, die den Gläubigen selbst und andere von menschlichen und spirituellen Formen der Unterdrückung befreit). Diese drei Modelle basieren auf der Tatsache, dass Glaube als Zustimmung, Vertrauen und Handlung verstanden werden kann beziehungsweise dass Glaube immer drei Elemente umfasst: die Überzeugung davon, was man glaubend für wahr hält, das Vertrauen auf die Güte und Macht dessen, woran man glaubt, und der Einsatz dafür, was man glaubt.

Es scheint, dass Dulles' Modelle des Glaubens mit den drei Modellen der Spiritualität korrelieren. Wer Glaube spirituell als Heilsgut versteht, vertritt üblicherweise das intellektualistische Modell des Glaubens, wer ihn als Weckruf des Geistes begreift, das treuhänderische Modell, und wer ihn als Reich-Gottes-Praxis versteht, das performative Modell.

Im Nachdenken über diese Modelle des Glaubens und der Spiritualität innerhalb der Kirche wird deutlich, dass es ebenfalls verschiedene Modelle der Evangelisierung in der heutigen Kirche geben kann, die, oft unbewusst, ausdrücklich gemacht werden können. Sie wahrzunehmen ermöglicht uns, uns mit einem oder mehreren dieser Modelle zu identifizieren. Dies würde uns nicht nur dabei helfen, zu akzeptieren, dass andere Glaubende andere Modelle der Evangelisierung als wir selbst vertreten, sondern auch, dass das eigene Verständnis von Evangelisierung nicht der einzig gültige Weg ist. Bereits die Apostelgeschichte des Neuen Testaments kennt verschiedene ›Modelle‹ der Evangelisierung:

- die Verkündigung durch das Wort (Apg 2,14–41: die Pfingstpredigt des Petrus)
- die Verkündigung durch das Zeugnis des Lebens (Apg 6,8 – 7,60: das Martyrium des Stefanus)
- das geschwisterliche Modell einer kleinen, auf Glauben basierenden Gemeinschaft (Apg 2,43–46;

4,32–37: das Zusammenleben der Jerusalemer Urgemeinde)

- das Zeugnis des diakonalen Handelns (Apg 3,1 – 4,31: Heilung des Bettlers an der Schönen Pforte)
- das Modell der Inkulturation (Apg 17,16–34: Areopagrede des Paulus).

Die grundlegende Einsicht in die verschiedenen Wege, das Evangelium zu bezeugen, könnte größere Klarheit und Toleranz in unsere Diskussionen und unsere evangelisierenden Aktivitäten bringen, uns gegenseitig befruchten, das Reich Gottes vor Ort aufzubauen.

Hilfreich kann dabei sein, zwischen drei Modellen der Evangelisierung zu unterscheiden, die mit den Glaubensmodellen von Avery Dulles korrelieren: das didaktisch-sakramentale Modell, das kerygmatisch-charismatische Modell und das politisch und sozial transformierende Modell.

Didaktisch-sakramentales Modell

Traditionelle Spiritualität versteht Glauben im Sinne einer Zustimmung zu den objektiven Wahrheiten, die von der Kirche gelehrt werden (Orthodoxie), als festes Bekenntnis zu ihrer Glaubenslehre und deren praktischen ethischen Implikationen. Die Anhänger dieses Modells setzten meist voraus, dass die Katholiken bereits in grundlegender Weise evangelisiert sind durch den Empfang der Initiationssakramente und das Leben in der christlichen Gemeinschaft. Entsprechend sehen sie die

Aufgabe der Evangelisierung eher im didaktischen und katechetischen Bereich. Priester, Lehrer/innen und pastorale Mitarbeiter/innen sollen auf dem Fundament der Initiationssakramente aufbauen. Dies wird konkretisiert durch Predigt und Lehre der dogmatischen und moralischen Wahrheiten des Glaubens, um so den rechten Glauben und das rechte Handeln sicherzustellen. Die Glaubensunterweisung ist nach diesem Verständnis üblicherweise objektiv und lässt eine experimentelle oder personale Dimension vermissen. Beispielsweise legen Prediger und Lehrer dieses Typs selten persönlich Zeugnis davon ab, wie die Wahrheiten des Glaubens ihr Leben verändert haben. Ein solches Zeugnis würde als Subjektivismus und Selbstdarstellung angesehen.

Selbstverständlich ist ein Verständnis des Glaubens als Vertrauen auch in diesem Modell eingeschlossen. Er begegnet uns in traditionellen Formen der Volksfrömmigkeit, etwa in der Anbetung des Heiligsten Herzens Jesu und der Göttlichen Barmherzigkeit, welche beide die Notwendigkeit des Vertrauens auf Jesus Christus betonen.

Die didaktisch-sakramentale Form der Evangelisierung ist auf die Botschaft zentriert; das Evangelium wird in erster Linie durch kognitive Elemente dargestellt. Die Kommunikation findet üblicherweise nur in einer Richtung statt, in Form einer vorbereiteten Rede an passive Zuhörer/innen. Die Betonung liegt auch auf Organisation und Technik und auf der Suche nach einer möglichst effektiven Präsentation der Botschaft. Es ist die Überzeugung der Vertreter dieser Richtung, dass Menschen, welche das Angebot des Glaubens verstanden haben, sich zum überzeugten Christsein entscheiden werden.

Ein Blick in die Geschichte lehrt, wie Glaubensboten das didaktisch-sakramentale Modell der Evangelisierung übernommen haben und durch Elemente anderer Modelle verbessern konnten. Im 18. Jahrhundert zum Beispiel entsprach das Verständnis von Evangelisierung weitestgehend dem didaktisch-sakramentalen Modell. Man glaubte fest daran, dass Menschen nicht gerettet werden können, wenn ihnen nicht die zentralen Wahrheiten des Glaubens verkündet und sie mit Gott versöhnt und getauft werden. So schreibt etwa Vinzenz von Paul (1581–1616) in einem Brief an einen befreundeten Priester, er habe von einem in Lehre und Frömmigkeiten erfahrenen Mann gehört, dass jeder, der in Unwissenheit der Trinität und Inkarnation sterbe, im Status der Verdammnis sterbe. Dies habe ihn selbst sehr berührt, so groß sei seine Angst gewesen, selbst verdammt zu werden, weil er sich nicht genug für die Lehre an den armen Menschen eingesetzt habe.[58] Obwohl also das didaktisch-katechetische Modell die Evangelisierung des Vinzenz von Paul prägte, bereicherte er es mit Elementen der anderen beiden Herangehensweisen.

Bis heute ist die didaktisch-sakramentale Form der Evangelisierung innerhalb der Kirche von bleibender Wichtigkeit, denn Glaubenswissen ist Voraussetzung für Glaubenspraxis. Die Päpste Johannes Paul II. und Benedikt XVI. legten großen Wert auf die Notwendigkeit einer Einführung der Gläubigen in die objektiven Wahrheiten. Dies wird deutlich etwa in der systematischen und objektiven Herangehensweise des Katechismus der Katholischen Kirche und des ähnlichen argumentativen Vorgehens in den Enzykliken *Veritatis splendor* und *Fides et ratio*. Die Päpste befürchteten offenbar, dass der moderne existenzielle Zugang zur Religion mit seinen charakteristischen Evangelisierungsmodellen in der Gefahr steht, in Relativismus und Subjektivismus überzugehen (man könnte dies einen A-la-carte-Zugang zur Wahrheit nennen). Es ist nicht verwunderlich, dass viele Prediger und Lehrer diesem Gesichtspunkt der Päpste in ihren eigenen Bemühungen zustimmen.

Das didaktische Modell hat offensichtliche seine Stärken. Es hat eine lange Tradition und in der Vergangenheit gut funktioniert. Die Betonung der Notwendigkeit objektiver Normen gibt ihm ein klares Verständnis für Konzentration, welches den zeitgenössischen Strömungen von Subjektivismus und Relativismus widerspricht. Es setzt nicht voraus, dass die Menschen über ein gut entwickeltes Selbstbewusstsein und Gewissen verfügen, und ist daher auch für Menschen geeignet, die nicht über hohe Intelligenz oder Bildung verfügen.

Doch das didaktisch-sakramentale Modell hat auch klare Schwächen. Der Zugang, der in der klassischen Zeit der Volkskirche entwickelt wurde, passt nicht immer zu den existenziellen Nöten unserer Zeit. Er scheint eher eine soziologische, konformistische Art des Katholizismus zu fördern als eine tiefe persönliche Hingabe an

Christus. Papst Johannes Paul II. drückte dies in seinem Apostolischen Schreiben *Ecclesia in Europa* so aus: »Viele Getaufte leben so, als ob Christus nicht existierte: Man wiederholt, insbesondere durch die kirchlichen Bräuche, die Gesten und Zeichen des Glaubens, aber es entspricht ihnen keine tatsächliche Annahme des Glaubensinhalts und kein Festhalten an der Person Jesu.«[59] Studien haben klar gezeigt, dass Menschen sich einen mehr existenziellen und erfahrungsbezogenen Zugang zu Glauben und Religion wünschen. Die Tatsache, dass die Menschen in die Sakramente und in die christlichen Glaubenswahrheiten eingeführt wurden, bedeutet nicht automatisch, dass sie auf eine Weise evangelisiert wurden, die sie in tiefer, innerer und spiritueller Weise ergriffen und verändert hat.

Kerygmatisch-charismatisches Modell

Das kerygmatisch-charismatische Modell der Evangelisierung basiert auf der Überzeugung, dass Glaube in erster Linie Vertrauen in Gott bedeutet. Entsprechend liegt eine stärkere Betonung auf der Notwendigkeit einer ersten Evangelisierung, die mehr erfahrungsorientiert ist als im didaktischen Modell.

Viele Probleme der Kirche werden sich nicht lösen lassen, indem man die Menschen lediglich in einer standarisierten Form zu den Sakramenten führt, doch ihnen danach keine Gelegenheit zur Vertiefung und zur Glaubenserfahrung bietet. Viele Katholiken wurden nicht effektiv evangelisiert, das heißt zu einer persönlichen Beziehung mit Jesus Christus, dem Herrn und Erlöser, geführt, sondern lediglich ›sakramentalisiert‹.

Das Ziel der Evangelisierung liegt nach Trägern einer evangelikalen, pentekostalen und charismatischen Glaubensform darin, Menschen zu einer inneren Erkenntnis der Erlösung zu bringen, die ihnen durch Jesus Christus ein für alle Mal am Kreuz geschenkt wurde. Dies kann das Ergebnis einer religiösen Erfahrung sein.[60] Auch von vielen spirituellen Bewegungen in der katholischen Kirche lässt sich diese Dimension tiefer Überzeugung und persönlichen Vertrauens lernen. Das Bekehrungserlebnis von John Wesley (1703–1791), eines der Begründer der methodistischen Bewegung, typisiert, worauf dieses Modell abzielt. Nach einem moralischen Absturz war Wesley desillusioniert. In seinem Tagebuch berichtet er, wie er einem Pastor der Herrnhuter Brüdergemeinde begegnete, der ihn fragte: Kennst du Jesus Christus? Wesley stockte und antwortete: Ich weiß, dass er der Retter der Welt ist. Das stimmt, erhielt er als Antwort, aber weißt du, dass er auch *dich* gerettet hat? Wesley antwortete: Ich hoffe, dass er gestorben ist, um mich zu retten. Der Herrnhuter fragte Wesley: Kennst du dich selbst? Der antwortete: Das tue ich, aber er fürchtete, dass seine Antwort leere Worte waren. Wesley berichtet, dass er einige Zeit später ein Bekehrungserlebnis hatte, als sein Herz erwärmt wurde, während er die Einführung Luthers in den Römerbrief hörte, die auf einer Konferenz in der Aldersgate Street in London vorgelesen wurde: »Ich fühlte, dass ich auf Christus vertraute, allein auf ihn, zu meiner Erlösung. Und mir wurde die Zusicherung gegeben, dass er meine Sünden hinweggenommen hat, sogar *meine!*, und mich von dem Gesetz von Sünde und Tod gerettet hat.«[61]

Evangelikale und charismatische Christen glauben, dass die Botschaft des Evangeliums mit persönlichem Zeugnis (das heißt mit der Angabe, wie ich selbst die erlösende Wahrheit erfahren habe) gefestigt und verkündigt werden muss. Die »Leben im Geist Seminare«, die durch die charismatische Bewegung gegründet wurden, und der sogenannte »Alphakurs« sind Beispiele für dieses Modell der Evangelisierung. Evangelikale und charismatische Christen glauben auch, dass die Wahrheit des Evangeliums nicht nur durch das Zeugnis eines heiligen und frohen christlichen Lebens, in Hingabe an die Werke der Barmherzigkeit und im Einsatz für Gerechtigkeit gezeigt werden soll, sondern auch durch das Charisma der Heilung und der Wundertaten.[62] Erfahrungen in diesen Freikirchen zeigen, dass wir als katholische Kirche eine Balance zwischen sozialem Engagement und geistlichem Leben finden müssen. Es geht darum, Gottesliebe und Nächstenliebe in ein gesundes Verhältnis zu setzen und die Kraft zur Nächstenliebe aus der Kraft der Gottesliebe zu schöpfen. Für Vinzenz von Paul, den Heiligen der Nächstenliebe und Begründer der modernen Caritas, bedeutete Evangelisierung, das Werk Jesu Christi fortzuführen in der innigsten Einheit von Gottes- und Nächstenliebe.[63] Verbunden mit dem

Weinstock Christus können wir reiche Früchte bringen (vgl. Joh 15,5–6).

Das kerygmatisch-charismatische Modell betont, dass die Menschen nach der Bekehrung eine gute Glaubensunterweisung brauchen, die ebenso inspirierender wie katechetischer Natur ist und darauf abzielt, ihren vertrauensvollen Glauben zu festigen und zu vertiefen.

Dieses Modell hat eine Reihe von Stärken. Es betont vor allem die Bedeutung des Vertrauens auf Gott im Glauben und ist somit biblisch grundgelegt. Diese Methode der Evangelisierung ist persönlich, affektiv und damit erfahrungsbezogen, sie passt zu den Bedürfnissen und Erwartungen vieler Menschen unserer Zeit. Harvey Cox, Theologieprofessor an der amerikanischen Havard University, analysiert: Religiös Suchende der Postmoderne bevorzugen einen Glauben, der ihnen hilft, im Leben hier und jetzt ihren Weg zu finden. Wahrheiten werden nicht angenommen, weil eine Autorität sie verbürgt, sondern weil Menschen selbst entdecken, dass sie zu ihrem Alltag passen.[64]

Das kerygmatisch-charismatische Modell betont die Bedeutung des persönlichen Zeugnisses auf zwei Arten. Zum einen müssen die Menschen das leben, was sie predigen. Zum anderen müssen sie ihre persönliche Glaubenserfahrung teilen, indem sie Zeugnis geben, also die Geschichte ihres eigenen Glaubensweges erzählen. Evangelisierung in dieser Form inspiriert und ermutigt auch andere Menschen, ihren Glauben eher in persönlichen als in abstrakten Begriffen zur Sprache zu bringen.

In diesem Verständnis wird der Glaube nicht so sehr ›gelehrt‹, sondern ›ergreift‹ den Menschen. Das Modell bietet eine gute Grundlegung für eine weitergehende Katechese in Glaube und Moral.

Während die didaktisch-sakramentale Evangelisierung in der zeitgenössischen Kirche zu einigen unbefriedigenden Ergebnissen geführt hat, kann gesagt werden, dass das kerygmatisch-charismatische Modell im Bereich der Erneuerung von Glaube und Hingabe erfolgreicher ist. Doch wie jedes Modell hat es auch bestimmte Schwachstellen. Es kann zu Individualismus (im Sinne von ›meine Erlösung – meine Erfahrung‹) führen und die gemeinschaftliche Dimension des Glaubens vernachlässigen. Die Bedeutung der Sakramente als Zeichen und Werkzeuge der Gnade kann unterschätzt werden. Es kann auch zu einem übertriebenen Subjektivismus führen, indem die Menschen eher auf die eigenen Gefühle und Erfahrungen (Visionen, Prophezeiungen etc.) vertrauen als auf die gemeinsame Lehre der Kirche, welche dabei eher ignoriert als zurückgewiesen wird. Zudem steht dieses Modell in der Gefahr, ein allzu enges Verständnis von Evangelisierung zu vertreten und die Bedeutung der gesellschaftsdiakonischen und soziokulturellen Dimensionen des Evangeliums und des Glaubens (Einsatz für Gerechtigkeit, Ökologie, Inkulturation, religiöser Dialog etc.) zu übersehen.

Politisch und sozial transformierendes Modell

Das handlungsorientierte Modell der Evangelisierung betont weniger die Aspekte des Glaubens als Zustimmung zu Wahrheiten oder Vertrauensakt gegenüber dem persönlichen Erlöser, sondern begreift den Glauben vor allem als richtiges Handeln, als Reich-Gottes-Praxis *(Orthopraxis)*. Es tritt für einen durch das Evangelium inspirierten Einsatz für die Befreiung von Menschen und Gemeinschaften aus Unterdrückung ein, die etwa durch das Böse der Menschen oder durch sündige Strukturen, die damit verbunden sind, entstehen.

Für den aus Spanien stammenden salvadorianischen Theologen und Jesuiten Jon Sobrino tritt Jesus nicht für eine Liebe ein, die unpolitisch und ungeschichtlich ist. Jesus vertrete eine politische Liebe, die in die Geschichte eingebettet ist und die sichtbare Auswirkungen auf die Menschen hat. Aus der Liebe zu den Armen begründet er sein Eintreten für diese; aus der Liebe zu den Reichen begründet er seinen Standpunkt gegen diese. In beiden Fällen gehe es ihm um mehr als eine ausgleichende Gerechtigkeit, es gehe um grundlegende Erneuerung und Neuschöpfung.[65] Die Nachfolge Jesu begründet nach dem peruanischen Dominikaner und Befreitungstheologen Gustavo Gutierrez eine Form des Glaubens, die sich auf eine Bekehrung zum Nächsten, zur unterdrückten Person, zur ausgebeuteten sozialen Klasse, zum unterdrückten Volk konzentriert.[66]

Das handlungsorientierte Modell der Evangelisierung verdankt vieles der Befreiungstheologie, aber auch neueren Einsichten der katholischen Soziallehre, wie sie etwa im Apostolischen Schreiben *Populorum progressio* von Papst Paul VI. zu finden sind.

Die Idee der Praxis des Glaubens ist zentral. Die engagierte Solidarität mit den Armen hilft dabei, die wahre Bedeutung der Frohen Botschaft zu verstehen. Das handlungsorientierte Modell der Evangelisierung geht davon aus, dass Jesus Christus immer schon bei den Armen ist und dass die Verkündigung des Evangeliums durch Wort und Tat den Menschen hilft, ihre Würde als Kinder Gottes zu erkennen und anzunehmen. Es hilft auch, die Menschen vom Bösen, einem Fremdkörper in ihrem christlichen Leben, zu befreien.

Die Befreiung kann unterschiedliche Formen annehmen. Zum einen kann sie auf strukturelle Weise erfolgen, indem sie sich gegen Gesetze und institutionelle Regelungen in der Gesellschaft richtet, die unterdrückender oder böser Natur sind und dem Evangelium zuwiderlaufen. Durch die Sozialanalyse müssen diese identifiziert, bekämpft und geändert werden. Indem die Evangelisierenden in dieser praktischen Weise *compassion* und Liebe zeigen, legen sie nicht nur Zeugnis von der Frohen Botschaft ab, sondern werden auch selbst in diesem Prozess evangelisiert. Dies ist der unerlässliche hermeneutische Schlüssel, der es ihnen ermöglicht, den spirituellen Reichtum der Schrift zu erschließen.

In den westlichen Ländern, in denen oft eine starke Mittelschicht existiert, kann Unterdrückung oft mehr auf psychospiritueller Weise geschehen, etwa in Form innerer Wunden, die durch physischen oder emotionalen Missbrauch durch Familienmitglieder oder Angehörige des weiteren persönlichen Umfelds verursacht wurden. Zweifellos stehen auch diese Probleme in einem Zusammenhang mit dem Zusammenbruch gesellschaftlicher Solidarität durch falsche weltweite Wertsetzungen, die unweigerlich zu einer Trennung zwischen den Besitzenden und den Nichtbesitzenden innerhalb der Gesellschaft führen. Mutter Teresa bezeichnet diejenigen als die ›neuen Armen‹, deren psychospirituelle Leiden durch praktische und therapeutische Hilfen gemildert werden müssen. So kann auch die Unterstützung in der persönlichen Entwicklung des Menschen als eine Dimension der Evangelisierung gesehen werden.

Einen weiteren wichtigen Aspekt der Evangelisierung können wir bei Paulus im achten Kapitel des Römerbriefs (8,19–22) finden: Das Evangelium richtet sich an die ganze Schöpfung. Heute haben wir eine ökologische Krise, die aus der rücksichtslosen Ausbeutung der Welt und dem kontinuierlichen Anstieg der Verschmutzung und der globalen Erwärmung herrührt.

Das politisch transformierende und therapeutische Modell der Evangelisierung hat auch Dimensionen der didaktischen Glaubensvermittlung und persönlichen Glaubenserweckung, die wesentliche Betonung liegt jedoch auf dem Evangelium als befreiender Handlung. Papst Franziskus fordert dazu auf, in jedem Sinne an die Peripherien des Lebens zu gehen.

Obwohl die großen Heiligen und Missionare in der Vergangenheit primär ein didaktisch-sakramentales Modell vertreten haben, finden wir auch in ihren Konzepten handlungsorientierte Aspekte. Immer wieder betonen sie, dass Liebe sich in konkreten Handlungsformen ausdrücken muss. Für Vinzenz von Paul umfasste die Sorge für die Armen immer die Hilfe sowohl in ihren spirituellen als auch materiellen Bedürfnissen. Einer Person auf jede Weise zu helfen bedeute, ihr in Wort und Tat das Evangelium zu bezeugen. Gern verwies er auf das Beispiel einer Ordensschwester, die die Bitte eines Armen um Hilfe während der Zeit ihrer eucharistischen Anbetung traf und die aufstand, um zu helfen, gewiss, dass sie »Gott um Gottes willen« verlasse.[67]

»Wollen wir Gott lieben, meine Brüder!«, so ist von Vinzenz überliefert, »wollen wir Gott lieben! aber mit der Arbeit unserer Hände, im Schweiße unseres Angesichtes; denn gar oft sind so viele Akte der Liebe Gottes, des Wohlwollens und ähnliche Anmutungen und innerliche Übungen eines zärtlichen Herzens, so gut und wünschenswert sie auch sein mögen, dennoch höchst verdächtig; wenn man nämlich durch dieselben nicht zur Ausübung der werktätigen Liebe gelangt … sie begnügen sich mit süßen Unterhaltungen, die sie mit Gott im Gebete haben, ja, sie reden davon wie die Engel … Nein, nein! betrügen wir uns nicht: unser ganzes Werk besteht im Handeln.«[68]

Das handlungsorientierte Modell der Evangelisierung hat eine Reihe von Stärken. Es entspricht nicht nur den Bedürfnissen unserer Zeit und ist existenziell und praxisorientiert, sondern auch biblisch grundgelegt: Glaube als Reich-Gottes-Praxis bezieht sich auf zentrale biblische Aussagen wie die Berufung zur Barmherzigkeit, die Seligpreisung der Armen (Mt 5,3; Lk 6,20) und die Selbstidentifikation Jesu mit den Armen: »Was ihr für einen meiner geringsten Brüder getan habt, das habt ihr mir getan« (Mt 25,40). Neben der Milderung der Armut geht Evangelisierung in diesem Modell auch deren systemische Gründe und Ursachen an. Es interpretiert das heilsame Geheimnis Christi auf zeitgemäße und ganzheitliche Weise, indem es Gesellschaft, Ökologie, Leib, Geist und Seele mit einschließt.

Doch das handlungsorientierte Modell hat auch eine Reihe von Schwächen. Es kann die Bedeutung der persönlichen Hingabe an Jesus Christus vernachlässigen und dadurch letztlich auf einen politisch-sozialen oder psychologisch-therapeutischen Humanismus reduziert werden, der Transzendenz durch Selbsterfüllung ersetzt. Dann liefen die Evangelisierungsbemühungen nach diesem Modell Gefahr, synkretistisch oder gnostisch wie die New-Age-Spiritualität zu werden.

Perspektiven für die Evangelisierung

Welches dieser Modelle entspricht am besten den Bedürfnissen unserer Zeit? Wir leben in einer sich rasch verändernden Gesellschaft, in der sich der Schwerpunkt von der Erfahrung religiöser Autorität zur Autorität religiöser Erfahrung verlagert. Karl Rahner beschrieb die

Situation vor einigen Jahren sehr präzise so, dass »die Frömmigkeit von morgen nicht mehr durch die im Voraus zu einer personalen Erfahrung und Entscheidung einstimmige, selbstverständliche öffentliche Überzeugung und religiöse Sitte aller mitgetragen wird«[69], sondern aus der Erfahrung und Solidarität des Einzelnen lebe.

Da das didaktisch-sakramentale Modell der Evangelisierung für eine existenzialistische Kultur unangemessen scheint, mag es auf den ersten Blick nicht gut zu den Bedürfnissen der heutigen Zeit passen. Das kerygmatisch-charismatische und das sozial und therapeutisch handlungsorientierte Modell der Evangelisierung sind beide pragmatisch und experimentell orientiert und daher offenbar stimmiger zu Lebensgefühl und Mentalität moderner Menschen. Welches von beiden soll bevorzugt werden?

Unbestreitbar ist, dass bestimmte Elemente, die jedes der drei Modelle auf eigene Weise betont, Glaubensdimensionen sind, die grundsätzlich für alle Formen der Evangelisierung gelten müssen. Das Vertrauen auf Gott als Resultat der Erfahrung von Gottes barmherziger Liebe kommt stets an erster Stelle. Zum Zweiten erwächst der Glaube aus der Zustimmung zu der von Gott offenbarten Wahrheit unseres Heils. Die Zustimmung des Intellekts zur Glaubenswahrheit sollte die Konsequenz aus dem Vertrauen in Gott sein, wie es in der neutestamentlichen Kirche der Fall war, und nicht ein Ersatz dafür. Schließlich findet der Glaube als Vertrauen notwendigerweise seinen Ausdruck in einer gläubigen Praxis, welche wiederum in Wechselwirkung steht mit der Art und Weise, wie Menschen Gott vertrauen und seiner offenbarten Wahrheit zustimmen.

Diese drei hier vorgestellten Modelle sind natürlich vorläufiger Natur. Sie müssen im Licht der theologischen Reflexion über die Erfahrungen der Evangelisierung ständig überarbeitet und reflektiert werden. Sobald diese Modelle verfeinert sind, können wir uns fragen, welches Modell sich in der Praxis als zweckmäßig erweist.

Welches Modell der Evangelisierung wir bevorzugen, hängt auch von unserem favorisierten Kirchenmodell ab. Diese Bewusstwerdung kann für alle, die sich der Evangelisierung widmen, auf zwei Weisen hilfreich sein: Zum einen, um zu erkennen, wo die eigene Praxis möglicherweise im Widerspruch zur vorausgesetzten Theologie der Evangelisierung steht. Zum anderen, um in der unterschiedlichen Praxis anderer wahrzunehmen, nach welchem Modell diese handeln, und es zu respektieren. Aus einer grundlegenden Einsicht in die verschiedenen Formen der Evangelisierung kann auch eine Zusammenarbeit erwachsen. Die Modelle sind komplementär, ein Modell muss durch die Stärken der anderen Modelle ergänzt werden.

Auf allen, auch verschiedenen Wegen der Evangelisierung müssen wir eines stets beachten: Unsere Aufgabe ist es, Gott zu den Menschen und die Menschen zu Gott zu bringen. So bauen wir die Kirche als gelebte *com-*

munio auf. Diese Gemeinschaft mit Gott schenkt uns die Gnade, auch untereinander in Gemeinschaft zu leben. Der Anfang und das Ziel jeder Evangelisierung ist die Gabe der *communio* mit Gott, die uns schon geschenkt wurde und erfahrbar ist. Ihre Erfüllung aber ist die eschatologische Hoffnung, welche uns die Gnade gibt, uns und die Welt im Licht des Evangeliums zu transformieren.

Der erste Johannesbrief beschreibt auf unübertroffene Art und Weise, was Evangelisierung bedeutet: »Was von Anfang an war, was wir gehört, was wir mit unseren Augen gesehen, was wir geschaut und was unsere Hände angefasst haben vom Wort des Lebens – das Leben ist erschienen, und wir haben gesehen und bezeugen und verkünden euch das ewige Leben, das beim Vater war und uns erschienen ist –, was wir gesehen und gehört haben, das verkünden wir auch euch, damit auch ihr Gemeinschaft mit uns habt. Wir aber haben Gemeinschaft mit dem Vater und mit seinem Sohn Jesus Christus. Dies schreiben wir, damit unsere Freude vollkommen ist« (1 Joh 1,1–4).

4 Evangelisierung als Aufgabe des Glaubens

Kriterien und Perspektiven

Will die Kirche ihrer Sendung treu bleiben, kann sie nicht darauf verzichten, Menschen in eine innere und tiefere Verbindung mit sich zu führen. Die missionarische Herausforderung liegt dabei in der Überwindung der Diskrepanz zwischen Glaube und Kirche als Erlebnisort des Glaubens. Aus der Alternative ›Religion ja – Kirche nein‹ oder ›Gott ja – Kirche nein‹, muss ein überzeugendes ›Gott ja und Kirche ja‹ werden.

Der wahre Grund der Mission und der Verbreitung des Evangeliums ist dabei im unumstößlichen Heilsratschluss Gottes für die Menschen gegeben. Mission ist nicht eine Funktion der Kirche unter anderen, sondern sie ist das Lebenselixier der Kirche. Mission ist Ausdruck ihres Wesens und ihres Lebensvollzuges. Kirche ist wesentlich missionarisch. Da die Kirche in der Sendung Jesu Christi steht, kann sie nicht anders als missionarisch sein. Damit Mission gelingt, ist es von außerordentlich großer Bedeutung, die innere Verbindung zwischen dem Sendungsauftrag Jesu Christi und dem Sendungsauftrag der Kirche einsichtig und transparent zu machen. Daher liegt die Voraussetzung aller Evangelisierung in der Selbstvergewisserung des eigenen Glaubens. Nur durch eine Selbstvergewisserung nach innen kann eine neue Begeisterung für den Glauben nach außen getragen werden. Die Wiederentdeckung der Kirche und ihres geistlichen Auftrags, Licht und Sauerteig für die Welt zu sein, ist jene unverzichtbare Voraussetzung, die für den missionarischen Aufbruch notwendig ist. Es gilt deshalb, die missionarische Dimension des katholischen Glaubens durch eine gläubige Reflexion wachzuhalten und zu fördern. Mission ist nicht nur die Sache einiger Spezialisten, sondern muss eine Herzensangelegenheit aller Gläubigen werden. Die Erweckung einer neuen missionarischen Gesinnung ist für die Kirche das Gebot der Stunde.

Um diesen missionarischen Aufbruch zu ermöglichen, muss ein Perspektivenwechsel im herkömmlichen Missionsverständnis vorgenommen werden: Im Vorfeld der Frage nach dem Heil der Nichtchristen oder Angehöriger anderer Religionen steht die Notwendigkeit einer Verlebendigung und Vertiefung des eigenen Glaubens der Christen. Allein hierin kann eine bleibend erneuernde Kraft missionarischer Tätigkeit gründen. Zudem muss es gelingen, die Botschaft des Glaubens im Zentrum dieses Geschehens zu verlebendigen. Leider scheint unter Katholiken die Selbsteinschätzung des eigenen Glaubens gegenwärtig besonders krisenhaft zu sein. Drei wesentliche Grundfragen des christlichen Glaubens sind davon besonders betroffen: die Frage nach Gott, die Frage nach Jesus Christus und die Frage nach der Kirche.

Das Selbstverständnis des Christseins hängt entscheidend davon ab, wer Gott ist, welche Bedeutung die Person Jesu Christi für die Menschheit hat und welche Rolle der Kirche im Heilsplan Gottes für die Menschen zukommt. Die existenzielle Antwort auf diese Fragen und die damit verbundene Selbstvergewisserung des Glaubens ist die Grundvoraussetzung für einen neuen missionarischen Aufbruch.

Die Gottesfrage im Zentrum[70]

Die Frage nach Gott ist wieder zu einem öffentlichen Thema geworden.[71] Viele Menschen suchen Gott. Wenn heute wieder mehr nach Gott gefragt wird, die Antworten darauf jedoch oft sehr diffus ausfallen und die Suche nach Gott Menschen nicht unbedingt zur Kirche führt, ist es an der Zeit, nach dem Warum zu fragen, um so bewusster und freimütiger vom eigenen Gottesverständnis sprechen zu können.

In einer Zeit des Umbruchs, in der sich eine in ihren Grundannahmen erschütterte Moderne an eine neue Offenheit für die Wirklichkeit Gottes herantastet, gilt es, die Zeichen der Zeit zu erkennen und Gott mit ganzer Kraft in den Mittelpunkt kirchlichen Redens und Tuns zu stellen sowie Gott in den gesellschaftlichen Diskurs überzeugend einzubringen.

Wie kann es gelingen, die Kirche als Ort der lebendigen Gegenwart Gottes wieder spürbar werden zu lassen? Hier sind wir vor die Frage gestellt: »Ist der HERR in unserer Mitte oder nicht?« (Ex 17,7). Erst wenn diese

Frage bejaht wird, kann sich eine missionarische Kraft entfalten.

Ohne die Gottesfrage zu stellen, können wir keine missionarische Kirche werden. Kein Problem wird wirklich gelöst werden können, wenn Gott nicht in die Mitte der Kirche zurückkehrt. Allein in einer Begeisterung für Gott kann die Grundlage einer neuen Gestaltungskraft der Kirche liegen.

Gegen alle atheistischen und nihilistischen Strömungen muss eine Kirche, die missionarisch sein will, die Gottesfrage in den Mittelpunkt aller ihrer Aktivitäten stellen. Dabei ist die erste und grundlegende Aufgabe nicht, eine weit verbreitete Gottvergessenheit und den aufkommenden aggressiven Atheismus an den Pranger zu stellen, sondern es muss darum gehen, die binnenkirchliche alltägliche Gottvergessenheit zu überwinden. Wir reden zwar von Gott, aber die entscheidende Frage bleibt: Ist Gott für uns eine lebendige Wirklichkeit, oder handelt es sich für uns um eine folgenlos bleibende Worthülse? Rechnen wir tatsächlich mit der Macht Gottes? Ist Gott in unserer Mitte erkennbar? Wie kann es gelingen, trotz aller menschlichen Verdunkelung, die Gegenwart Gottes in der Kirche für uns selbst, aber auch für Außenstehende erfahrbar und sichtbar werden zu lassen?

Erst wenn wir selbst Gott in der Kirche gefunden und erfahren haben, können wir selbstbewusst nach außen treten. Gott ist das ureigene Thema des Kircheseins – mehr als nur ein Begriff, vielmehr eine existenzielle Realität, die alles bestimmende Kraft der Kirche. Deshalb ist zu prüfen, wie die kirchen- und theologieeigene Gottesvergessenheit zu überwinden ist und sich alle Aktivitäten der Kirche von Gott her und auf Gott hin bestimmen lassen. Das einigende Ziel aller und von allem in der Kirche ist Gott.

Ohne Gotteserfahrung können wir nicht von Gott reden. Wer dagegen eine existenzielle Gotteserfahrung macht, kann diese Erfahrung auch anderen Menschen zugänglich machen; es ist ihm/ihr ein Herzensbedürfnis, von Gott zu erzählen. Um missionarisch sein zu können, muss die Kirche als Ort der Gotteserfahrung erkennbar sein. Die Frage nach einer missionarisch glaubwürdigen Kirche wird sich daran messen lassen müssen, inwieweit diese Sehnsucht nach Gott in ihr sichtbar ist.

Der Grund der Berufung der einzelnen Christen wie der Kirche ist das Zeugnis-Geben für die Gegenwart Gottes. Wir entsprechen unserer Berufung, wenn wir als Kirche dafür Sorge tragen, eine bleibende Sehnsucht nach Gott zu wecken. Die grundlegende christliche Hoffnung sollte immer sichtbar werden: Gott, auf den wir hoffen, wird alle menschlichen Träume überbieten, die Hungernden sättigen und unseren Lebensdurst stillen. Der christliche Glaube gibt eine einzigartige Antwort auf die Frage nach Gott: Gott ist Liebe, er ist der Lebendige, der für uns Sorge trägt, und seine Beziehung zu den Menschen ist von Wohlwollen und Zuwendung geprägt. Er liebt die Seinen mit einer leidenschaftlichen Liebe.

Kennzeichen einer missionarischen Kirche ist es, Gott immer und überall zu suchen, den Weg zu ihm zu finden und anderen zu zeigen. Denn Gott wird durch Menschen bekannt, die ihn kennen, sich ihm zur Verfügung stellen und für ihn Raum schaffen. Der Weg zu Gott führt immer wieder über Menschen, die schon bei Gott weilen. Er führt durch Begegnung, die im Nachdenken vertieft und dadurch mitteilbar wird. Obwohl Gott an unser Versuchen, unser Gelingen und Scheitern nicht gebunden ist, entspricht es doch der christlichen Verkündigung, dass gerade in der Fraglichkeit des Lebens Gott neu entdeckt werden kann.

Gott wird durch sich selbst bekannt. Er gibt sich zu erkennen in Jesus Christus, der das aktive Sich-Zeigen Gottes ist. Gott können wir nur durch Jesus Christus entdecken: »Wer mich gesehen hat, hat den Vater gesehen« (Joh 14,9).

Die Einzigartigkeit Jesu Christi

Jesus Christus ist der Kern der christlichen Botschaft.[72] Indem wir auf Christus schauen, werden wir das wahre Gesicht Gottes erkennen, aber auch das wahre Gesicht des Menschen und das wahre Gesicht der Kirche. Nur wenn es heute gelingt, den Menschen eine tiefere Erkenntnis Jesu Christi zu vermitteln, können religiöse Menschen den ›Mehrwert‹ des christlichen Glaubens entdecken und gläubige Christen werden. Viele Außenwahrnehmungen der Person Christi sind unzureichend und unzulänglich. Um eine tiefe und dauerhafte Bindung mit Jesus Christus einzugehen und in seine Nachfolge einzutreten, müssen Menschen eine Begeisterung für Jesus Christus spüren. Das setzt voraus, dass deutlich wird, wer er wirklich ist und was er für uns und die Welt tatsächlich bedeutet. »Jesus Christus ist das Antlitz der Barmherzigkeit des Vaters. Das Geheimnis des christlichen Glaubens scheint in diesem Satz auf den Punkt gebracht zu sein. In Jesus von Nazaret ist die Barmherzigkeit des Vaters lebendig und sichtbar geworden und hat ihren Höhepunkt gefunden. Der Vater, der ›voll des Erbarmens‹ ist (Eph 2,4), der sich Mose als ›barmherziger und gnädiger Gott, langmütig, reich an Huld und Treue ‹ (Ex 34,6) offenbart hatte, hat nie aufgehört, auf verschiedene Weise und zu verschiedenen Zeiten in der Geschichte seine göttliche Natur mitzuteilen. Als aber die › Zeit erfüllt war ‹ (Gal 4,4), sandte Er, seinem Heilsplan entsprechend, seinen Sohn, geboren von der Jungfrau Maria, um uns auf endgültige Weise seine Liebe zu offenbaren. Wer Ihn sieht, sieht den Vater (vgl. Joh 14,9). Jesus von Nazaret ist es, der durch seine Worte und Werke und durch sein ganzes Dasein die Barmherzigkeit Gottes offenbart.«[73] Darin begründet die christliche Botschaft ihre umfassende Bedeutung für alle Menschen zu allen Zeiten. Die tiefe Erkenntnis der Person Jesu ist zwar ein Geschenk Gottes, doch muss die kirchliche Erzähl- und Zeugengemeinschaft die notwendige Voraussetzung dafür schaffen, dass Jesus Christus als Sohn des lebendigen Gottes erkannt und bekannt wird.

In der Einmaligkeit und Einzigartigkeit Jesu Christi liegt der tragende Grund christlicher Mission. Wir verkünden nicht uns selbst, sondern Jesus Christus. Menschen kommen zur Kirche, nicht um menschliche Weisheit zu erfahren, sondern die heilende und rettende Botschaft Jesu Christi zu hören. In dem Maße, wie es uns gelingt, Jesus Christus zu zeigen, ihn hörbar und erfahrbar zu machen, werden Menschen die lebendige Gegenwart Gottes, gerade auch in der Kirche, spüren können. Wenn Menschen in Verbindung mit Gott kommen, in die Freundschaft mit Jesus Christus hineinwachsen, wächst auch eine neue Verbundenheit untereinander und mit der Kirche. Gottverbundenheit schafft Kirchenbindung.

Dabei verkündet die Kirche kein abstraktes Prinzip, keine gestaltlose Lehre, sondern einen Namen und ein Gesicht: Jesus von Nazaret, den Gekreuzigten und Auferstandenen. In Christus erkennen wir die Barmherzigkeit Gottes, und diese Erkenntnis befähigt jeden Christen, Zeuge dieser Barmherzigkeit zu sein. Seiner Person kommt eine Unbedingtheit zu, die in seiner Gottesbeziehung wurzelt. Die christliche Verkündigung ist ein universales Angebot der Liebe und Verheißung des Heiles. Sie ist eschatologischer und vor-läufiger Dienst an Jesus Christus, dem Auferstandenen, in dem der ganzen Menschheit die Vollendung aller ›fragmentarischen Fülle‹ der Wahrheits-, Heiligungs- und Lebenselemente verheißen wurde. Wir verkünden Jesus Christus als Zeichen des Heiles für alle Menschen, das Licht zur Erleuchtung der Heiden (Lk 2,32), den Frieden für alle Menschen seiner Huld (Lk 2,14).

Mission ist die Vermittlung des Vermittlers. Denn er ist der einzige Vermittler des Heils für alle Menschen;

die Kirche selbst bietet das an, was der Herr ihr gibt: »Ich habe vom Herrn empfangen, was ich euch dann überliefert habe« (1 Kor 11,23a). Ob gelegen oder ungelegen, muss die Kirche den Vermittler allen Heils, Jesus Christus, in den Mittelpunkt all ihres Tuns stellen. Predigt, Tradition, Gottesdienst, Diakonie usw. sind nur von Christus her verständlich und können nur von ihm her leben. In der Liebe zu Christus liegt die Grundlage aller Erneuerung, Reformen und Verlebendigung.

Gegen eine heutige Missionsmüdigkeit hilft nur, dass wir neu lernen, auf Christus zu schauen: in ihm nicht einfach einen – wenn auch sehr hervorragenden und besonders guten – Menschen zu sehen, sondern im Menschen Jesus von Nazaret das Antlitz des Sohnes Gottes selbst wahrzunehmen. Dass sich viele Menschen auch außerhalb des Christentums gerade von der menschlichen Dimension Jesu berühren lassen, ist hoffnungsvoll. Hier bieten sich hervorragende Anknüpfungspunkte, die einzigartige Bedeutung Jesu Christi für die Menschheit bekennend zu verdeutlichen, was zunächst von den Christen selbst zu leisten ist. Ebenso gilt aber auch, dass der christliche Glaube steht und fällt mit dem Bekenntnis, dass Jesus Christus wahrer Gott und wahrer Mensch ist.

Wäre Jesus nur ein Mensch gewesen wäre, dann wäre er unwiderruflich in die Vergangenheit zurückgetreten; nur unser fernes Erinnern könnte ihn dann mehr oder weniger deutlich in die Gegenwart bringen. Nur wenn er der wahre Gott ist, kann er heute in unserer Mitte heilswirksam gegenwärtig sein. In der heutigen Situation müssen wir alles daransetzen, um die Menschen zur vollen Kenntnis der Wahrheit in Jesus Christus zu führen. Es ist dieses lebendige Christusbekenntnis, welches freudig miteinander geteilt, der christlichen Mission zur treibenden Kraft wird.

Die Wiederentdeckung der Kirche

Eine weitere Grundvoraussetzung für die Weckung eines neuen Missionsbewusstseins ist die Wiederentdeckung der wahren Gestalt der Kirche, das heißt ihrer Stellung und Sendung im Heilsplan Gottes. Um missionarisch Kirche zu sein, ist die Bedeutung der Kirche Jesu Christi im Glauben zu erkennen und zu bejahen, verbunden mit der bleibenden Aufgabe, die Kirche spirituell zu erneuern. Eine Kirche, die von ihrer katholischen Tiefe lebt, kann in ihre katholische Weite wachsen. Bevor das Evangelium bei den Völkern und Nationen eingepflanzt werden kann, muss die Kirche als Botin des Evangeliums im Herzen der Gläubigen eingepflanzt und verwurzelt sein. Wenn die Kirche im Herzen der Menschen Wurzeln schlägt, wenn sie lebendig und wach wird, wird sie missionarisch.

Dabei stellt sich die entscheidende Frage: Können wir Christen und können Außenstehende das Licht Jesu Christi im Angesicht der Kirche leuchten sehen? Das Zweite Vatikanische Konzil lehrt: »Christus ist das Licht der Völker. Darum ist es der dringende Wunsch dieser im Heiligen Geist versammelten Heiligen Synode, alle

Menschen durch seine Herrlichkeit, die auf dem Antlitz der Kirche widerscheint, zu erleuchten, indem sie das Evangelium allen Geschöpfen verkündet (vgl. Mk 16,15). Die Kirche ist ja in Christus gleichsam das Sakrament, das heißt Zeichen und Werkzeug für die innigste Vereinigung mit Gott wie für die Einheit der ganzen Menschheit. Deshalb möchte sie … ihr Wesen und ihre universale Sendung ihren Gläubigen und aller Welt eingehender erklären« (LG 1). Die unverzichtbare Voraussetzung dafür, dass Menschen Christus als das Licht ihres Lebens in der Kirche erkennen, ist also, dass die Gläubigen selbst das Wesen und die allumfassende Heilssendung der Kirche tiefer verstehen und gläubig annehmen. So können sie die wahre Wirklichkeit und Bedeutung der Kirche noch eindrücklicher erklären.

Jede Epoche hat ihre eigenen Herausforderungen und Aufgaben. In unserer geschichtlichen Situation ist es heute mehr denn je wichtig, die innere geistliche Gestalt der Kirche sichtbar zu machen. Erst hier kann ein neuer Missionsimpuls entstehen, wo die spirituelle Gestalt der Kirche hervortritt. Aktuell kommt der Neuevangelisierung als einer erklärend und einsichtig machenden Pastoral für die ›treuen Kirchenfernen‹ eine besondere Bedeutung zu. Es gehört zu den großen Herausforderungen unserer Zeit, einem anspruchslos gewordenen Kulturchristentum mit und durch den Geist Gottes zu neuem Leben zu verhelfen.

Die Alternative ›Gott ja – Kirche nein‹ kann nur überwunden werden, wenn wir erkennen und leben, dass der Sinn und die Existenzberechtigung der Kirche letztlich darin besteht, Zeugin der Gegenwart Gottes und der Ort zu sein, wo Menschen ihre innige Beziehung zu Gott leben und feiern. Die innere Verbindung der Gläubigen zu Gott stiftet auch Gemeinschaft untereinander. Je tiefer die Gottesbeziehung der Gläubigen ist, desto mehr wächst die Gemeinschaft der Gläubigen untereinander.

Die Grundüberzeugung des katholischen Kirchenverständnisses liegt darin, dass die Kirche nicht Selbstzweck, sondern von Gott her berufen ist, Zeichen und Werkzeug (Sakrament) zu sein, um das Heilswerk Christi in der Geschichte wirksam präsent zu halten. So bestimmt die Sakramentalität das Wesen und die Existenz der Kirche. Dem theologischen Verständnis von Ursprung, Grund und Wesen der Kirche und ihrer sichtbaren Gestalt und Ordnung kommt dabei eine Schlüsselstellung zu. Die Bedeutung der Kirche im Heilsplan Gottes für die Menschen wird zum Vorschein kommen, wenn wir ihre Sakramentalität gläubig betrachten. Sie ist nicht nur Zeichen, sondern auch Werkzeug des Heils; das unterscheidet die Kirche von allen anderen Institutionen und macht die Einzigartigkeit ihrer Gestalt überaus deutlich. Stellvertretend und nicht ausgrenzend, für alle und nicht nur für einige Auserwählte, steht die Kirche inmitten der Geschichte und geht auf das letzte Ziel zu, die himmlische Vollendung bei Gott. Sie ist das universale Heilssakrament, unabhängig davon, ob ein großer oder kleiner Teil der Menschheit von ihr weiß und ihr angehört. Das gilt auch für die, denen Christus während ihres irdischen Lebens ein Unbekannter bleibt, denn sie sind auch durch das Heilswerk Christi, das die Kirche heilswirksam darstellt, erlöst und berufen, am Leben Gottes teilzuhaben und die Herrlichkeit Gottes zu schauen.

In einem missionarischen Kontext geht es an erster Stelle nicht um die Heilsnotwendigkeit der Kirche für das Heil der Nichtchristen, sondern um den heilsgeschichtlichen Ort der Kirche in dem einen Heilsplan Gottes für die Menschheit. Das Heilswerk Christi bleibt durch die Kirche in der Welt und Geschichte präsent, damit alle Menschen am Heil Christi teilnehmen können. Dabei muss das Erscheinungsbild der Kirche weiterhin an Profil gewinnen, indem sie als Gemeinschaft erfahrbar und bekannt wird, die zuerst und vor allem Gott sucht und sich bemüht, ihn immer mehr zu lieben. Die Liebe zu Christus, dem »Gott für und mit uns« (Immanu-El), ist der Angelpunkt. Die Kirche lebt von, mit und aus jener Liebe, mit der Christus selbst uns liebt. Insofern sie die bis zum Äußersten gehende Liebe Jesu Christi sichtbar darstellt und wirksam bezeugt, wächst sie immer deutlicher zu einer ihr wesenhaften Gestalt heran – missionarisch Kirche zu sein.

Ein Leben und Handeln aus einer so verstandenen existenziellen Kirchlichkeit ist besonders für diejenigen, die im Namen der Kirche aktiv sind, eine wesentliche Voraussetzung, um eine neue missionarische Kraft zu entwickeln. Die Tiefe der Sendung der Kirche (›Kirchlichkeit‹) und ihre universale Weite (›Katholizität‹)

wachsen hier zusammen. Die Kirche als Leib Christi und Christus als Haupt bilden einen Leib, eine Einheit. In dieser Einheit sind die einzelnen Gläubigen mit Christus und die Gläubigen untereinander organisch verbunden. Christus nährt und pflegt seinen Leib, die Kirche, nicht nur, sondern *er liebt sie* (vgl. Eph 5,25–27.32). Diese biblische Zusage richtet sich als existenzielle Anfrage an jeden gläubigen Christen. *Liebst auch du seine Kirche?* Nur wer mit der Kirche und in der Kirche lebt, ist zu einer solchen Liebe befähigt. Das Herz der Kirche erkennen wir, wenn wir in ihr leben und mit ihr denken. Dann entdecken wir, wie liebenswert sie ist; denn in ihr und mit ihr erkennen wir liebend, was uns in ihr und durch sie geschenkt ist: Gott selbst. Ohne dass wir heute die Liebe Christi zu seiner Kirche teilen, kann seine Kirche morgen nicht wachsen.

Die Sendung der Kirche als Leib Christi in dieser Welt gewinnt Gestalt, wenn sich in ihr Gottes- und Nächstenliebe glaubwürdig miteinander verbinden, sie daraus Kraft schöpft und sie sichtbar verkündet. Dies schlägt sich in Verkündigung, Gottesdienst und im allgemeinen Dienst am Nächsten nieder. Hier erfüllt die Kirche ihren Auftrag und ihre Sendung. Hieraus leitet sich die Forderung ab: »Bleiben wir die Kirche Jesu Christi. Die Kirche, die an den Gott glaubt, der Mensch geworden ist und uns das Leben verheißt über den Tod hinaus.«[74]

Nur aus dieser ihrer Mitte kann die Kirche ihre beflügelnde Kraft finden: im Glauben an den dreieinigen Gott – an den barmherzigen Schöpfer und Vater, an Jesus

Christus, an den Beistand des Geistes. Inneres Verständnis und äußere Darstellung gehören zusammen, deshalb muss die Kirche lernen, ihre innere Mitte im Glauben und im Gebet zu erkennen und in der Verherrlichung und Ehre Gottes das Ziel ihrer Sendung zu sehen. Authentizität und Glaubwürdigkeit sind wesentliche Voraussetzungen für das Missionarischsein der Kirche.

Teilhabe an der Sendung Jesu Christi

Der Apostel Paulus ermutigt uns, in der Nachfolge Christi wie Jesus vor Gott zu leben: »Wir wissen, dass Christus, von den Toten auferweckt, nicht mehr stirbt; der Tod hat keine Macht mehr über ihn. Denn durch sein Sterben ist er ein für alle Mal gestorben für die Sünde, sein Leben aber lebt er für Gott. So begreift auch ihr euch als Menschen, die für die Sünde tot sind, aber für Gott leben in Christus Jesus« (Röm 6,9–11). Dieses Leben für Gott ist die Ehre und Verherrlichung Gottes. Die Kirche stellt Gottes Ehre ins Zentrum, wenn ihre Gläubigen Christus nachfolgen. Der Maßstab der Ehre Gottes ist Jesus Christus selbst und sein Leben. Christus als Gottmensch ist im radikalen Sinn in seinem Sein und Schicksal die Ehre Gottes. Wir sind berufen und zugleich befähigt, Gott mit unserem Leben zu ehren, und wir ehren Gott durch die christusförmige Gestaltung unseres Lebens. Im Blick auf die Sendung Jesu Christi gilt es, den Grund der christlichen Mission neu zu überdenken.

Der Ursprung der Evangelisierung ist im Heilswillen und Heilsratschluss des trinitarischen Gottes zu suchen und zu finden. Gott, der Vater, sendet sein Ewiges Wort in die Welt, seinen Sohn, der durch seine Menschwerdung die Heilssendung in die Geschichte einsenkt, wo sie durch die Sendung der Kirche andauert. Diese trinitarische Sendung ist ein zentraler Wesenszug der Kirche. In dieser Sendung ist auch der Ort der Kirche im Heilsplan begründet. »Wie mich der Vater gesandt hat, so sende ich euch« (Joh 20,21). Denn das von Christus für alle Menschen gewirkte Heil soll in der Geschichte wirksam gegenwärtig bleiben und jedem Menschen zugänglich sein.

Die Kirche entsteht und lebt aus der Sendung des Sohnes durch den Vater. Die christliche Berufung ist grundsätzlich eine Aussendung: Jeder Christ ist in die Teilhabe an der Sendung Jesu Christi berufen und in die Welt gesandt, die Grenzen zu den Mitmenschen zu überschreiten und ihnen in Respekt vor ihrem Anders-Sein die Frohe Botschaft zu bezeugen und zu verkünden. Christsein ist eine gelebte Einladung, Jesus Christus nachzufolgen und ihn als Herrn und Gott des Lebens anzunehmen.

Aus diesem Teilhabeverständnis an der Sendung Jesu Christi erwächst ein Bewusstsein, wonach alle Christen Gesandte und damit Missionare sind. Deshalb hat die Gemeinschaft der Gläubigen die Gesamtverantwortung für die Schärfung des missionarischen Bewusstseins. Das alltägliche Glaubenszeugnis und die gelebte christliche Hoffnung sind in ihrer Überzeugungskraft gefragt. Die Berufung, an der Sendung Jesu teilzuhaben, bedeutet, sich von Jesus in Dienst nehmen zu lassen, von ihm zur Mitarbeit, zur Verkündigung des Evangeliums befähigt zu werden. Jesus gibt seinen Jüngern und damit allen Christen Anteil an seiner bevollmächtigten Sendung zur Verkündigung durch Wort und Tat. Die Sendung Jesu ist universal und gilt für alle Menschen in allen Zeiten. Alle sind berufen und eingeladen, am Sendungsauftrag der Kirche in der Teilnahme an der Sendung Jesu Christi mitzuwirken. Alle sollen Zeugen der mutigen Hingabe an das Evangelium Jesu Christi werden.

Für jede getaufte Person erhält dieser missionarische Auftrag in den Kontexten des eigenen Lebens ein besonderes Gesicht. In der Kirche, die durch unterschiedliche Ämter, Dienste und Charismen im gemeinsamen Dienst aufgebaut wird, liegt ein eigenes Gewicht auf der Verantwortung der Hauptamtlichen.[75] Diese müssen sich in besonderer Weise ihres stellvertretenden missionarischen Dienstes und ihrer besonderen Verantwortung zur Verkündigung bewusst sein. Bei diesen öffentlichen Repräsentanten bedarf es einer besonderen Festigung, um die Botschaft Jesu in ihrer ganzen Tragweite glaubwürdig darzustellen und so den christlichen Glauben in seiner ganzen Schönheit sichtbar zu machen. Nur so kann der christliche Glaube eine ›Attraktivität‹ verströmen, die Menschen anspricht und bewegt, sich der Kirche Jesu Christi zuzuwenden.

Die Schärfung des geistlichen Profils der Kirche und der kirchlichen Dienste ist unverzichtbar, wenn sie für die Gott suchenden Menschen einladend und anziehend sein will. Es ist die eine Sendung Jesu Christi, die es zu verwirklichen gilt – ein Wort, das auch ein Handeln einfordert, will es nicht Betrug sein: »Werdet aber Täter des Wortes und nicht nur Hörer, sonst betrügt ihr euch selbst!« (Jak 1,22).

Liturgie als die Quelle der Mission

Das ganze christliche Leben soll Verherrlichung Gottes sein, daraus ergibt sich die Notwendigkeit, die Gottesverehrung einsichtig und ansichtig zu machen. Damit unterstreichen wir die Notwendigkeit des liturgischen Lebens der Christen. Wir feiern Liturgie »zum Lob und Ruhm seines Namens und zum Segen für seine ganze heilige Kirche«. Die große Herausforderung der Kirche auf ihrem missionarischen Weg heute ist ein von der Liturgie abgekoppelte Kulturchristentum, das langfristig keinen Menschen begeistern und an sich binden kann.

Ohne Liturgie verliert das Christentum seine eigentliche Mitte und Kraftquelle, sie ist der »Höhepunkt, dem das Tun der Kirche zustrebt, und zugleich die Quelle, aus der all ihre Kraft strömt« (SC 10).[76] Denn das Kennzeichen des neuen Gottesvolkes ist nicht die gemeinsame Abstammung, die Blutsverwandtschaft, sondern die Einheit im Geist, der aus verschiedenen Gliedern einen Leib bildet. Das neue Volk wird Gottes Volk, indem es vor Gott steht, um ihn anzubeten. Das Verständnis der Kirche als Volk Gottes hängt eben von Gott ab, nicht von einem Volk, das sich selbst konstituiert! Von Gott her empfängt sich dieses Volk und lässt sich von ihm ordnen, führen und leiten. Das Sprechen von der Kirche als Volk Gottes hat nur einen Sinn, wenn das Volk in Unmittelbarkeit zu Gott lebt und den Willen Gottes sucht. Durch die Anbetung und Verherrlichung Gottes ist die Kirche, was sie ist – eine königliche Priesterschaft. Mit der Berufung und Würde, Gottes Eigentum, sein priesterliches Volk zu sein, verbindet sich die Sendung durch Wort und Tat, die Großtaten Gottes zu verkünden. Diese Verkündigung ist Auftrag der ganzen Kirche und jedes Einzelnen. Sie geschieht in allen Lebensvollzügen der Kirche, besonders verdichtet in der Liturgie.

Die Kirche ist überall dort missionarisch, wo die Gegenwart Christi durch ihr Dasein und Tun besonders erfahrbar wird. Wenn die Kirche betet, ist Christus in ihrer Mitte gegenwärtig (vgl. LG 7; 14). In diesem Sinn kann man sagen, dass die Liturgie der wichtigste Ort missionarischer Verkündigung ist. In der Verehrung und Verherrlichung Gottes erfüllt die Kirche ihre Berufung.

Daher ist es besorgniserregend, zu beobachten, dass die Mehrheit der Getauften der Liturgie der Kirche in der Regel fernbleibt. Die Verantwortlichen in der Kirche müssen sich fragen lassen, wie sie den Menschen die Bedeutung der Liturgie für das christliche Leben und Handeln neu erschließen können. Missionarisch Kirche sein heißt im Besonderen, ein neues Bewusstsein für die Bedeutung der Eucharistie zum Aufbau der Kirche zu wecken.[77] Die enge Verbindung zwischen dem eucharistischen und kirchlichen Leib Christi ist das Fundament allen kirchlichen Lebens und Tuns: Durch das »Sakrament des eucharistischen Brotes [wird] die Einheit der Gläubigen, die einen Leib in Christus bilden, dargestellt und verwirklicht« (LG 3 mit Verweis auf 1 Kor 10,17).

Liturgie ist damit ein besonderer Ort der Gotteserfahrung: Indem wir Gott verherrlichen und ihm die Ehre geben, kommen wir mit Gott in Berührung. Als Ort der Gottesverehrung und Verherrlichung Gottes zeigt sich Liturgie als die Kraftquelle alles kirchlichen Lebens. Deshalb darf das Engagement der Kirche zur Gestaltung der Welt nicht von Gebet und Gottesdienst getrennt werden, denn Gottesliebe und Nächstenliebe sind nicht zu trennen. Gottesliebe muss in der Nächstenliebe sichtbar und erfahrbar werden, zugleich aber auch im zweckfreien Dienst für Gott erkennbar sein und werden! So wie die Gottesbeziehung Jesu Grundlage seiner Menschenliebe ist, ist die Gottesliebe der Kirche Grund und Kraft der radikalen diakonischen Zuwendung der Kirche zu den Menschen. Dadurch wird das Proprium der Kirche von rein innerweltlichen Anstrengungen unterscheidend deutlich. Ein Humanismus ohne Gott wird früher oder später in Kraftlosigkeit versanden.

Zeugnis des Glaubens im diakonischen Handeln

Christliche Diakonie ist viel mehr als nur bloß humanitärer Dienst.[78] Sie ist der Ort, an dem erfahrbar wird, dass Gott heilend und erlösend gegenwärtig wird, wie durch das Heilshandeln Jesu für die Menschen die Gegenwart Gottes offenbar geworden ist. Diakonisches Handeln ist daher immer Teil der missionarischen Sendung der Kirche. Christliche Diakonie ist tatkräftige und gelebte Verkündigung. Sie ist tätiges Zeugnis des Glaubens. Christliche Diakonie muss den Glauben immer neu wecken, den geweckten Glauben mit dem neuen Zeugnis stärken.

Die missionarische Sendung zur Diakonie wird in der Förderung alles Menschlichen konkretisiert, eine Botschaft, die die Gesellschaft prägen muss. Solche diakonische Tätigkeit kann und muss in einer pluralistischen Welt in vielfältiger Weise geschehen: In einer säkularen Welt muss die Erlösungshoffnung des christlichen Glaubens neu ins Gespräch gebracht werden. Das christliche Verständnis der Personenwürde und die Prinzipien der christlichen Soziallehre können heute wichtige Orientierung für die Gestaltung der Welt sein. Das »Bild« von Gott wird zum »Vor-Bild« für das Christsein und das christliche Handeln. Wenn die Christen Zeugnis für das christliche Gottesbild geben, treten sie ebenso für eine gerechtere und menschenfreundlichere Welt ein.

Diese missionarische Sendung wird in allen diakonischen Diensten zeugnishaft entfaltet. Gelebte christliche Diakonie erscheint daher als eine wesentliche wahrnehmbare Ausdrucksform des christlichen Zeugnisses. Deshalb kann nur eine diakonische Kirche glaubhaft missionarisch Kirche sein. Anders gesagt: Eine missionarische Kirche ist auch immer eine diakonische Kirche.

Zur christlichen Diakonie gehört sowohl der Dienst an materiell Benachteiligten als auch an spirituell und geistlich Verarmten. Den Bruch zwischen Evangelium und Kultur zu überwinden ist ein unverzichtbarer diakonischer Dienst an den heutigen Menschen.[79] Die christliche Botschaft ist eine Hoffnung stiftende Kraft in dieser oft hoffnungslosen Zeit. Im diakonischen Handeln einer missionarischen Kirche wird die Botschaft von dem einen liebenden Gott und Vater aller Menschen (Eph 4,6) sichtbar, den Jesus in seiner grenzüberschreitenden Fremden- und Feindesliebe verkündet hat. Kirchliche Diakonie kann folglich keine Grenzen kennen. Sie sprengt nicht nur konfessionelle, sondern auch religiöse, kulturelle und nationale Grenzen auf. Wenn die Liebe umsonst ist, gilt auch hier: Wie Gott die Menschen liebt – absichtslos –, so müssen gerade wir Christen die Liebe weiterverschenken.

Dabei führt besonders die moderne Missionsgeschichte deutlich vor Augen, dass der Aufbau der modernen katholischen Weltkirche wesentlich an die Missionstätigkeit der ganzen Kirche rückgebunden ist. Die Gründung der neuen Ortskirchen geschah durch die Verkündigung der Frohen Botschaft des Evangeliums; in den meisten Fällen durch das diakonische Handeln der Kirche im Aufbau des Schul- und Gesundheitswesens, begleitet von Gebet und großer Opferbereitschaft der Gläubigen in der Heimat.

Die Weitergabe des Glaubens an die Nicht-Glaubenden oder das Teilen des katholischen Glaubens mit denjenigen, die seine Fülle noch nicht erkennen, ist ein Werk der göttlichen Liebe. Das unterscheidet die Evangelisierung wesentlich von allen Formen, andere Menschen für eigene Überzeugungen und Weltanschauungen zu gewinnen. Nur wenn Christen selbst ihren Glauben und ihre Zugehörigkeit zur Kirche als Reichtum des Heils und der Gnade erkennen und erfahren, verstehen sie, dass es egoistisch wäre, nicht mit anderen den Reichtum des Heils in Jesus Christus zu teilen. Es ist der »Reichtum der Herrlichkeit« Gottes, der Christus in unseren Herzen wohnen lässt, »in der Liebe verwurzelt und auf sie gegründet«, eine Erfahrung, die »die Länge und Breite, Höhe und Tiefe« mehr und mehr ermisst, mit der die Liebe Christi alles erfüllt und alles Erkennen übersteigt (vgl. Eph 3,17–19). Deshalb wird nur eine Kirche missionarisch sein, in der die Liebe Christi lebendig und erfahrbar ist. Denn wenn Menschen erfahren, dass unter uns Christi Liebe lebendig ist, zeigen wir den Menschen Gott.

Die Heiligkeit der Gläubigen

In der Erkenntnis der Liebe Christi werden wir »erfüllt werden in die ganze Fülle Gottes hinein« (Eph 3,19). Von dem Erfülltsein mit dem Reichtum Gott, also von der Heiligkeit ihrer Glieder, hängt die Glaubwürdigkeit der Kirche entscheidend ab, besonders derer, die durch ihr Handeln nach außen das Gesicht der Kirche prägen. Deshalb ist das Streben nach Heiligkeit eine Pflicht aller, damit die Authentizität der Kirche sichtbarer und wahrnehmbarer wird. Nur durch den Glauben und die gelebte Menschlichkeit können alle Menschen die Schönheit und Tiefe des Glaubens wahrnehmen, indem sie erkennen, dass der christliche Glaube »Größeres« zu erreichen vermag.

Das Zweite Vatikanische Konzil betont, dass alle in der Kirche »von Gott nicht kraft ihrer Werke, sondern aufgrund seines gnädigen Ratschlusses berufen und in Jesus dem Herrn gerechtfertigt, in der Taufe des Glaubens wahrhaft Kinder Gottes und der göttlichen Natur teilhaftig und so wirklich heilig geworden« und damit »zur Fülle des christlichen Lebens und zur vollkommenen Liebe berufen sind« (LG 40). Alle Christgläubigen sind zum Streben nach Heiligkeit und Vollkommenheit eingeladen, ja, geradezu verpflichtet, wollen sie ihrem missionarischen Anspruch gerecht werden. Evangelisierung hängt wesentlich davon ab, wie die Heiligkeit der Kirche in ihren Gliedern sichtbar wird. Ohne Heiligkeit kann das Zeichen Christi auf dem Antlitz der Kirche nicht erstrahlen. Deshalb sind alle Christen stets aufgefordert, zur Umkehr und zur spirituellen Erneuerung (vgl. LG 15), »unter Führung des Geistes, des Trösters, das Werk Christi selbst weiterzuführen, der in die Welt kam, um der Wahrheit Zeugnis zu geben; zu retten, nicht zu richten; zu dienen, nicht sich bedienen zu lassen« (GS 3).

Im Gegenzug kann sündhaftes und ›geistloses‹ Verhalten die reale Gegenwart Jesu Christi in der Kirche verdunkeln und verstellen, was erneut die bleibende Notwendigkeit einer Bereitschaft zur geistlichen Erneuerung verdeutlicht, soll das Zeugnis lebendig und leuchtend sein. Es ist daher wichtig, an die geistliche Erneuerungsfähigkeit der Kirche zu glauben wie auch an die Befähigung zu Reformen in einer missionarischen Kirche. Intensives geistliches Leben, das von eifrigen, persönlichen und gemeinschaftlichen Gebeten genährt wird, ist dabei die Kraftquelle aller missionarischen Anstrengungen: eine Kraft zum Aufbau der Gemeinschaft der Kirche, die aus der Gnade der Nachfolge Jesu Christi erwächst. In der Nachfolge wird der Gläubige dazu angespornt, unermüdlich nach Heiligkeit zu streben, Ziel eines jeden Christen.

Gebet und Mission gehören unweigerlich zusammen. Denn im Gebet empfangen wir die Kraft, Zeugen Jesu Christi zu sein, die Weisheit, den richtigen Weg zu erkennen, und den Mut, ihn zu beschreiten: »Ihr werdet Kraft empfangen, wenn der Heilige Geist auf euch herabkommen wird; und ihr werdet meine Zeugen sein« (Apg 1,8).[80] Das Gebet um die Herabkunft des Heiligen Geistes offenbart sich damit als die Kraftquelle missionarischer Kirche. Niemals dürfen wir aufhören, den Herrn der Ernte zu bitten, dass er Arbeiter für seine Ernte aussende (Mt 9,38). So betet auch der Apostel Paulus, damit seine Mission gelingt: »Betet für uns, damit das Wort des Herrn sich ausbreitet und verherrlicht wird, ebenso wie bei euch! (2 Thess 3,1).

Ein neues missionarisches Bewusstsein wächst dort, wo die Gläubigen in diese lebendige Beziehung zu Gott kommen. Diejenigen, die Gott als die alles bestimmende Wirklichkeit ihres Lebens erfahren, werden auch die Notwendigkeit spüren, diese Gotteserfahrung als sinnerschließende Wirklichkeit anderen weiterzusagen. Gotteserfahrung geht damit jedem missionarischen Aufbruch voraus, die in der Lebendigkeit der Kirche an Gestalt gewinnt.

In der gegenwärtigen geistlichen und gesellschaftlichen Situation kann folglich nur eine »spirituelle Kirche« eine missionarische Kirche sein. Der »Mehrwert« der christlichen Botschaft kann nur durch eine gelebte Spiritualität sichtbar werden, also wenn es uns Christen gelingt, die Diesseitigkeit der weltlichen Wirklichkeit mit der Transzendenz in Berührung zu bringen und so die Welt durch Gott neu zu qualifizieren. Nur eine mystische Kirche kann das Eigentliche der christlichen Botschaft sichtbar und erfahrbar machen.

Missionarische Präsenz

Für die heutigen Bemühungen, die Sendung Jesu Christi zeitgemäß fortzusetzen, bietet die »Urkirche«, die Gemeinden der neutestamentlichen Zeit, eine wertvolle Orientierungshilfe. Diese Vergegenwärtigung kann in besonderer Weise helfen, den missionarischen Geist im Leben der Christen widerzuspiegeln. Der Prozess, in dem die frühe Kirche die Botschaft ihres Glaubens zu formulieren und zu kommunizieren hatte, erweist sich als sehr bewegt. Bei allen Bemühungen um Verbindlichkeit und Einheitlichkeit der Lehre ging es nicht darum, eine immer schon vorhandene Lehre von der Person und Bedeutung Jesu Christi zu verkünden. Vielmehr war man bemüht, ein gemeinsames Verständnis zu finden und eine angemessene Sprache zu entwickeln, um das Christusgeheimnis eindeutiger und umfassender auszusprechen, es damit überhaupt erst annehmbar zu machen.

Heute stehen wir vor ähnlichen Herausforderungen, eine authentische Gestalt des Glaubens zu finden. Wieder geht es um ein innerkirchliches Verständnis – und um ein Verständigungsproblem. Folglich hängt daher auch die Kommunikabilität der christlichen Botschaft nach außen wesentlich davon ab, ob es gelingt, das innerkirchliche Kommunikationsproblem des Glaubens zu überwinden. Die frühe nachapostolische Kirche lebte in der Gewissheit, dass der missionarische Erfolg wesenhaft mit dem eigenen Erscheinungsbild und der persönlichen »Heiligkeit« verbunden war.

Die Urkirche hat sich zudem in Praxis und Predigt sehr stark um eine Intensivierung des Christseins bemüht, in der Zuversicht, so am wirksamsten auf die Schönheit und Wahrheit des christlichen Glaubens aufmerksam zu machen.[81] Auch Rücksichtnahme auf Außenstehende stellte einen bedeutenden Motivationsgrund im christlichen Handeln der Urkirche bereit.

Wahre Identität und ursprüngliche Mitte des Glaubens gehören dabei entscheidend zusammen, um aus einer pastoralen Klugheit heraus auch in Zukunft eine neue Flexibilität zu entwickeln, die wahrhaft missionarisch sein kann. Vom Geist Gottes geleitet, müssen wir dabei auch bereit sein, neue Ideen zu entwickeln, damit die Botschaft Christi wirklich ihren Empfänger erreicht.

Auf die Situation der Menschen einzugehen, scheint mehr denn je das missionarische Gebot der Stunde zu sein. »Allen bin ich alles geworden, um auf jeden Fall einige zu retten« (1 Kor 9,22), schreibt der Apostel. Paulus geht es dabei nicht um eine am bloßen Zeitgeist orientierte ›Modernisierung‹ der Kirche, bei der das Entscheidende verloren ginge; er verkündet keine christliche Botschaft zu herabgesetzten Preisen. Aber ihm geht es darum, in allen verschiedenen Formen des Menschlichen Türen zu öffnen, damit Menschen sich voll und ganz dem Herrn Jesus Christus zuwenden können und bereit werden, auch für ihr Leben die nötigen Konsequenzen zu ziehen.

Die Missionserfahrung in der Kirchengeschichte führt deutlich vor Augen, dass nicht alle Menschen den Glauben annehmen und dass diejenigen, die den Glauben angenommen haben, auch nicht immer dem entsprechend leben und handeln (vgl. 2 Thess 3,2–15). In jedem Volk und jeder Zeit existiert eine bleibende Differenz zwischen Glaube und Unglaube. Im Wissen, dass das Urteil über uns selbst, über den Einzelnen und die Geschichte dem »Herrn der Ernte« (Mt 9,38) obliegt (und nicht uns), ist es Sendung und Sinn der Kirche, in demütiger Treue zum Herrn durch ihre Präsenz zu einer gegebenen Zeit und an einem bestimmten Ort das Evangelium vor der Welt, das heißt in jedem Land und jeder Kultur, zu verkünden und zu bezeugen. Auf diese Weise wird die evangelisierende Kirche unter allen Menschen zur zeichenhaften Präsenz des Glaubens und allen Völkern und Kulturen umfassend eingepflanzt.

Das missionarische Handlungsprinzip heute

Der gesellschaftliche Kontext, in dem die Botschaft Jesu verkündet wird, ist sehr komplex und vielgestaltig und deshalb oft auch sehr unterschiedlich konnotiert. Dementsprechend kennt das missionarische Handeln der Kirche verschiedene Modelle und Wege und muss plural gestaltet sein, ohne dass überall auf ein einziges überzeitlich gültiges methodisches Handlungsprinzip zurückgegriffen werden könnte. Dennoch läuft die methodische Vielfalt dem einen missionarischen Gedanken nicht zuwider.

Aus der Logik der Sendung des Sohnes zu den erlösungsbedürftigen Menschen ergibt sich notwendigerweise, dass auch die Kirche zu den Menschen gehen muss, um sie an den Orten aufzusuchen, wo sie leben, wohnen und arbeiten. Ein wichtiger Schritt auf diesem missionarischen Weg könnte geleistet werden, wenn besonders die hauptamtlich Tätigen ihre Besuchsdienste in der Gemeinde stärken und so auch Kirchenferne erneut ansprechen könnten.

Beim missionarischen Einsatz gilt es, die Ungleichzeitigkeit im Glaubenswissen der Menschen wahrzunehmen und ihnen einen Zugang zur Glaubenserfahrung in der Kirche zu ermöglichen. Dazu gibt uns die Jerusalemer Versammlung der Apostel und Ältesten ein missionarisches Handlungsprinzip an die Hand: »den Heiden, die sich zu Gott bekehren, keine Lasten aufzubürden« (Apg 15,19).

Es gibt einen Unterschied im missionarischen Ansatz zwischen den »herkömmlichen Missionsländern« und den traditionell christlichen Ländern, die neu zum Missionsland geworden sind. In Letzteren bieten sich besonders in volkskirchlich geprägten Gegenden erfreulicherweise reiche Anknüpfungspunkte zu einer neuen Verlebendigung und Vertiefung des Glaubens. Dabei muss es vor allem darum gehen, Menschen in die innere Gestalt der Kirche neu einzuführen. Es muss ersichtlich werden, dass Kirche mit Gott und mit Gotteserfahrung zu tun hat, die jeden persönlich anspricht. Mission bedeutet dann, dieses verloren gegangene Bewusstsein wiederzugewinnen, sich die Liebe Christi zu seiner Kirche (Eph 5,25) anzueignen und in ihr und ihren Vollzügen den Ort der Gegenwart und des Handelns Gottes in der Welt zu erfahren.

Die ökonomische Globalisierung der säkularen Welt und die gegenwärtigen medialen Möglichkeiten bieten der Kirche dabei ungeahnte Chancen, die Universalität der christlichen Botschaft zeitgemäß darzustellen und verständlich zu vermitteln. Deshalb ist es von großer Bedeutung, dass sich die Kirche wieder stärker auf ihre Katholizität besinnt.

Missionarischer Aufbruch

Die wichtigste Voraussetzung für einen missionarischen Aufbruch ist es, die Kunst der Verständigung in religiösen Fragen zu erlernen. Um diesen Verständigungswillen muss ein gläubiges Bewusstsein wachsen, welches nicht die Kirche selbst in den Vordergrund der Verkündigung stellt, sondern den Herrn dieser Kirche, Jesus Christus – ihn, den sie verkündet. Deshalb ist es wichtiger denn je, den Menschen den Kern unseres Glaubens vor Augen zu halten: Im Heilswerk Jesu Christi manifestiert sich die Erlösung der ganzen Menschheit. Um dieses Heilswerk für alle Menschen raum- und zeitübergreifend gegenwärtig zu halten, ist es Christus selbst, der die Menschen in seine Nachfolge, in seine konkrete Kirche ruft. Alle, die im Namen dieser Kirche handeln, sind aufgerufen, treue Verwalter dieses Heilswerkes zu sein und Zeugen seiner Liebe zu werden.

Die Formen der Verkündigung der Frohen Botschaft werden sich dabei wandeln, die Kernbotschaft aber bleibt unverändert. Die Glaubensvermittlung beschreitet dabei auch einen mittleren Weg: Weder Beliebigkeit noch Erstarrung führen zum Ziel. Die Treue zum Herrn der Kirche, verbunden mit der geistigen Offenheit für das Wirken des Heiligen Geistes, ist der erfolgversprechendste missionarische Weg. Zugleich ist von allen Verkündern des Glaubens verlangt, mit dem eigenen ganzen Leben Jesus Christus authentisch nachzufolgen und ihn zu bezeugen. Dieses Zeugnis beinhaltet nicht selten ein beherztes Auftreten und manchmal auch eine gewisse Form der Furchtlosigkeit. Nur so können wir auch in den aktuellen Zeitströmungen bestehen, ohne die Gefahr, in der herrschenden Meinung und Moral unterzugehen. Kurz – wir brauchen uns unseres Glaubens nicht zu schämen!

Es ist heute an der Zeit, die Großartigkeit des Glaubens überzeugter zu betonen und die christliche Hoffnung stärker zu bekennen. Denn alle Christen sind aufgerufen, der wirksamen Vollmacht des Auferstandenen zu trauen und auf die Erfüllung der Verheißung Gottes zu hoffen. Denn die Zusage des Auferstandenen gilt auch heute: »Ich bin mit euch alle Tage bis zum Ende der Welt« (Mt 28,20b). In dieser Gewissheit und im Vertrauen auf das beständige Wirken des Heiligen Geistes kann jeder seinen Beitrag zur Verwirklichung des Auftrags des Herrn in der Kirche leisten: »Mir ist alle Vollmacht gegeben im Himmel und auf der Erde. Darum geht und macht alle Völker zu meinen Jüngern; tauft sie auf den Namen des Vaters und des Sohnes und des Heiligen Geistes und lehrt sie, alles zu befolgen, was ich euch geboten habe« (Mt 28,18–20a).

Es ist die vorrangigste missionarische Aufgabe, die Strömungen und Suchbewegungen der heutigen Zeit ernst zu nehmen und, ausgehend von den Sehnsüchten der Menschen, behutsam Antworten auf die Frage nach dem Lebensglück zu erschließen. Dabei wird es von großer Bedeutung sein, ob der christliche Glaubensweg als ein echter Befreiungsweg erfahren wird, der die berechtigten menschlichen Erwartungen aufnimmt und dabei jede Sehnsucht unendlich übersteigt. Wenn die christliche Antwort bei den Gläubigen eine erlöste und erlösende Gestalt annimmt, wird der christliche Glaube als ein unterscheidbares Lebensmodell deutlich erkennbar. Dann wird der Glaube anziehend, ja, zu einem Lebensgewinn für die Menschheit. Diese missionarische Aufgabe kann aber nur dann gelingen, wenn die Kirche die geistige Lebendigkeit in ihrem eigenen inneren Leben immer wieder neu findet.

Je mehr deutlich wird, dass der christliche Glaube Lebenskraft, Orientierung und Zukunftsperspektive bietet, umso mehr nimmt der missionarische Prozess Gestalt an. Hoffnung und Zuversicht der Kirche in ihrem Inneren erneuern eine Glaubenskraft, wie immer wieder Zeugnisse herausragender Christen in der Geschichte der Kirche verdeutlichen, Christen, die selbst unter schwierigen Bedingungen ihre Berufung spürten und mit innerer Überzeugung die Botschaft Jesu glaubwürdig weitergetragen haben. Sollten wir uns nicht freuen über die zahlreichen Priester, Ordenschristen, Seelsorger und Seelsorgerinnen und viele aktive Gläubige, die in vielfältiger Weise, auch unter schwierigen Bedingungen mit großer Hingabe und Glaubenskraft Zeugnis für den Glauben ablegen und die Botschaft Jesu in Wort und Tat verkünden? In vielen Teilen der Welt geschieht die Verkündigung der Botschaft Jesu Christi oft nur unter sehr schwierigen Bedingungen mit oftmals stark begrenzten materiellen und personellen Ressourcen. Hier lebt der Geist zahlreicher mutiger und heiliger Missionare der Vergangenheit weiter im Zeugnis des Glaubens für die ganze Welt. Wenn wir selbst geistliche Menschen werden und die uns begegnenden Menschen spüren, dass bei uns

Gott eine lebendige Realität ist, dann kann die Schönheit der Kirche Jesu Christi in einem neuen Licht erstrahlen.

Alle Mühen der Evangelisierung werden die intendierten Früchte nur tragen können, wenn sie in der Einheit mit der ganzen Kirche geschehen. Besonders die Einheit in der Lehre erscheint hier als notwendige Voraussetzung: Einheit in der Lehre, Vielfalt in der Praxis, das heißt, Offenheit für die Fragen und Nöte der Menschen. Es gilt, universale Fülle des katholischen Glaubens und situative Handlungsnotwendigkeit miteinander zu verbinden.

Diese missionarische Kraft entsteht, wenn praktizierende Christen aus gelebter Katholizität, mit der Kraft ihres Bekenntnisses und ihrer Freundschaft, Bezugspunkt einer sicheren Wahrheit und zuverlässiger Werte werden. Wir brauchen den Mut zum Zeugnis, der aus der inneren Überzeugung lebt: Bei uns können Menschen den wahren und einzigen Gott entdecken, den Gott des Glaubens und der Vernunft, den Gott, der Ursprung und Vollendung des Lebens ist. Wo unser Glaube lebendig und unsere Liebe drängend ist, werden wir die Botschaft des Heils mit Freude und Zuversicht weitersagen. »Unser Brief seid ihr; eingeschrieben in unsere Herzen und von allen Menschen erkannt und gelesen. Unverkennbar seid ihr ein Brief Christi, ausgefertigt durch unseren Dienst, geschrieben nicht mit Tinte, sondern mit dem Geist des lebendigen Gottes, nicht auf Tafeln aus Stein, sondern – wie auf Tafeln – in Herzen von Fleisch« (2 Kor 3,2–3).

Der glaubende Christ ist überzeugt, dass er den gefunden hat, der die letzte Antwort Gottes auf die Fragen der Menschen ist: Jesus ist »der Schlüssel, der Mittelpunkt und das Ziel der ganzen Menschheitsgeschichte« (GS 10). Daher gilt die Berufung, Menschenfischer zu sein, nicht nur Petrus, sondern allen, die Christus nachfolgen, und damit der ganzen Kirche, besonders denjenigen, die im Dienst der Kirche stehen. Diese Berufung ist Grundlage missionarischen Handelns. Jesus Christus fordert uns nicht auf, am sicheren Ufer zu bleiben, sondern in seiner Kraft auf den unsicheren und unruhigen See hinauszufahren und die Netze der authentischen Katholizität im Sinne des Herrn zum Fang auszuwerfen (vgl. Lk 5,4–10). Wir müssen unseren Kleinmut und unsere Unsicherheit überwinden, um heute wieder missionarisch sein zu können. Allerdings können wir nur dann Menschenfischer werden, wenn wir selber bereit sind, von Jesus Christus zuerst »gefischt« zu werden.

Im missionarischen Handeln steht nicht die aktuelle binnenkirchliche Diskussion im Vordergrund, sondern die Wahrheit und die Schönheit des christlichen Glaubens und eine Glaubenshaltung, die die Gelassenheit des Beschenkten mit der Leidenschaft für das Mögliche verbindet. Alle können nicht alles tun. Das Entscheidende ist, dass jeder an seinem Lebensplatz und in seiner Lebensstellung der christlichen Botschaft ein erkennbares und unverwechselbares Gesicht gibt. Es geht darum, dass jeder, von der befreienden, heilenden und frohmachenden Kraft der christlichen Botschaft überzeugt, seinen Begabungen und Fähigkeiten entsprechend mit Freude in Wort und Tat Zeugnis für Christus ablegt.

Grundvoraussetzung aller Evangelisierung ist eine missionarische Spiritualität. Zur missionarischen Spiritualität gehört eine echte Bereitschaft, die Tiefe und geistige Weite der Kirche zu erkennen, den Schatz, den wir in irdenen Gefäßen tragen, neu zu entdecken und sichtbar zu machen, der auch heute Menschen begeistern kann. Wo diese Kraft der Innerlichkeit fruchtbar wird, ersteht eine neue sichtbare Gestalt der transformierenden und weltverwandelnden Kraft der christlichen Botschaft: »Die Zukunft der Kirche kann und wird auch heute nur aus der Kraft derer kommen, die tiefe Wurzeln haben und aus der reinen Fülle des Glaubens leben. […] Die Zukunft der Kirche wird auch dieses Mal, wie immer, von den Heiligen geprägt werden.«[82]

Liebe Leserin, lieber Leser,
gerne informieren wir Sie künftig über unsere Neuerscheinungen. Teilen Sie uns mit, für welche Themen Sie sich interessieren, und schicken Sie einfach diese Karte zurück. Wenn Sie außerdem unsere Fragen auf der Rückseite beantworten, helfen Sie uns, zukünftig genau die Bücher zu machen, die ***Sie*** interessieren!

Bei Rücksendung dieser Bücherkarte nehmen Sie an unserer monatlichen Verlosung teil: Die Gewinnerin/der Gewinner erhält Bücher aus den von Ihnen genannten Themenbereichen im Wert von 50,– €.

VORNAME / NAME

STRASSE / HAUSNUMMER

PLZ / ORT

E-MAIL

Bei Angabe Ihrer Mail-Adresse erhalten Sie rund 6 Mal jährlich unseren Newsletter, der Sie über die uns genannten Themenbereiche informiert.

Ihre Meinung ist uns wichtig!

DIESE KARTE LAG FOLGENDEM BUCH BEI:

____

IHRE MEINUNG ZU DIESEM BUCH:

____

____

____

____

____

WIE/WO SIND SIE AUF DIESES BUCH GESTOSSEN:

____

____

____

____

Für welche Themen interessieren Sie sich?

- O *Psychologie | Lebensgestaltung | Religion | Spiritualität | Kalender* ____ **PATMOS**
- O *Kinderbuch* ____ **PATMOS** *Kinderbuch*
- O *Theologie* ____ **GRÜNEWALD**
- O *Pastorale Praxis | Sieger Köder* ____ **SCHWABEN**
- O *Kochen & Backen | Haus & Garten | Geschenkbuch & Kalender* ____ **THORBECKE** *Lebensart*
- O *Geschichtswissenschaft | Landeskunde Südwestdeutschland* ____ **THORBECKE** *Geschichte*
- O *Kundenmagazin* ____ Lebe gut

Zu den von Ihnen angekreuzten Themen schicken wir Ihnen gerne halbjährlich unsere Prospekte mit den Neuerscheinungen. Außerdem erhalten Sie bei Angabe Ihrer E-Mail-Adresse unsere jeweiligen Newsletter. (Beides ist jederzeit formlos kündbar.)

____

E-MAIL-ADRESSE

Einen Überblick über unser Gesamtprogramm sowie unsere E-Books finden Sie unter **www.verlagsgruppe-patmos.de.**
Außerdem freuen wir uns über Ihre Wünsche, Fragen oder Kritik an **kundenservice@verlagsgruppe-patmos.de**.

5 Zwölf Schritte einer missionarischen Spiritualität

Die Kirche lebt nicht für sich selbst, sie ist mit der ganzen Menschheitsfamilie auf das Engste verbunden, und sie hat einen Auftrag für die Welt. »Freude und Hoffnung, Trauer und Angst der Menschen von heute, besonders der Armen und Bedrängten aller Art, sind auch Freude und Hoffnung, Trauer und Angst der Jünger Christi. Und es gibt nichts wahrhaft Menschliches, das nicht in ihren Herzen seinen Widerhall fände. Ist doch ihre eigene Gemeinschaft aus Menschen gebildet, die, in Christus geeint, vom Heiligen Geist auf ihrer Pilgerschaft zum Reich des Vaters geleitet werden und eine Heilsbotschaft empfangen haben, die allen auszurichten ist« (GS 1). Damit wir diese Sendung, die Heilsbotschaft allen Menschen auszurichten, in unserem Leben als einzelne Gläubige und im Leben der kirchlichen Gemeinschaft erfüllen können, brauchen wir eine missionarische Spiritualität.

Die *innere Mitte einer missionarischen Spiritualität* ist die Bereitschaft, nicht bei sich und bei vertrauten Kreisen zu bleiben, sondern hinauszugehen an die Ränder, dorthin, wo Menschen an ihre existenziellen Grenzen geraten.

Die *Kennzeichen einer missionarischen Spiritualität* sind Begeisterung für Jesus Christus und für seine Kirche, frohe Ausstrahlung, Geduld, Güte und Barmherzigkeit. Die antreibende Kraft zur Evangelisierung konnte in der Vergangenheit und wird auch in der Zukunft nur aus der Liebe zu Christus entstehen. »Denn die Liebe Christi drängt uns« (2 Kor 5,14). Wer an die Liebe Christi glaubt und sich der Einzigartigkeit des Heils in Jesus Christus bewusst ist, wird für den empfangenen Glauben dankbar sein. Wer dankbar ist, wird die innere Notwendigkeit spüren, diesen Glauben mit seinen Mitmenschen zu teilen. Im Grunde genommen ist daher die Weitergabe des Glaubens die höchstmögliche Tat der Nächstenliebe.

Das *Ziel einer missionarischen Spiritualität* bedeutet also nichts anderes, als das Gebot der Gottes- und Nächstenliebe zu leben. »Ich bin eine Mission auf dieser Erde, und ihretwegen bin ich auf dieser Welt. Man muss erkennen, dass man selber ›gebrandmarkt‹ ist für diese Mission, Licht zu bringen, zu segnen, zu beleben, aufzurichten, zu heilen, zu befreien«[83]. Papst Franziskus hat in seinem Apostolischen Schreiben *Evangelii gaudium* ein Programm für den missionarischen Aufbruch vorgelegt; es ist zugleich ein spirituelles Meisterstück für die geistliche Erneuerung der Christen und der Kirche, eine Einladung zu unserer christlichen Selbstbesinnung und eine Ermutigung für das missionarische Christsein in unserer Zeit. Die Gedanken des Papstes helfen uns, die Zeichen der Zeit zu erkennen und viele vergessene Aspekte des Christseins und Kircheseins neu zu entdecken und im Alltag zu verwirklichen. Sein Schreiben bietet

Orientierung für das christliche Handeln in unserer pluralen und säkularen Welt und öffnet eine Perspektive für uns Christen, den Auftrag und die Sendung der Kirche in einem neuen Licht zu sehen. Die große Vision dieses Schreibens besteht darin, die Kirche und alle Christen in den Zustand der permanenten Mission zu versetzen – ein Aufbruch, der nur gelingen kann, wenn wir gemeinsam dem Herrn der Ernte vertrauen und bereit sind, uns durch eine missionarische Spiritualität erneuern zu lassen im Geist einer großherzigen Hingabe.

Für Papst Franziskus stehen für die Erneuerung und den Aufbruch der Kirche nicht Strukturreformen im Mittelpunkt, sondern die geistliche Erneuerung durch die Bekehrung der Herzen in der Begegnung mit Christus. Ich möchte daher einige *Elemente einer missionarischen Spiritualität,* die angeregt sind durch die Lektüre von *Evangelii gaudium,* uns allen vor Augen führen:

- die persönliche Beziehung zu Gott pflegen
- Christus ähnlich werden
- offen sein für die Gaben des Geistes
- die eigene Sendung überzeugt vertreten
- einander Weggefährten im Glauben sein
- dankbar sein für das Gute in der Kirche
- einen neuen Stil des Umgangs finden
- den Geist des Dienstes leben
- Christus in den Armen begegnen
- die Geister unterscheiden
- den Versuchungen widerstehen
- die Kraft des Fürbittgebetes entdecken

1. Die persönliche Beziehung zu Gott pflegen

Grundvoraussetzung jeder missionarischen Spiritualität ist die persönliche Gottesbeziehung jedes Einzelnen. Jeder von uns muss eine innere Pilgerreise antreten, um das Wesen des Christseins neu zu entdecken: die persönliche und das Leben verwandelnde Beziehung zu Jesus Christus, die Berufung zur Nachfolge und das Leben im Sinne Jesu. Das Beispiel für unser Leben ist die Verbundenheit Jesu mit seinem Vater. Wenn der Einzelne mit Gott verbunden ist, aus dieser Gottverbundenheit heraus handelt und gemeinsam mit anderen von Gott Ergriffenen die Gemeinschaft der Kirche bildet, kann die Kirche ihre Sendung leben. Als Ansammlung ichzentrierter Menschen dagegen wird die Kirche selbstbezüglich, autoreferentiell. Dann machen wir uns selbst zum Maßstab für alle Dinge. Allein eine gelebte und erlebte Gottesbeziehung kann den menschlichen Egoismus und die Ich-Zentriertheit überwinden.

Die eigene Glaubensvertiefung bildet die Grundlage für ein anziehendes Glaubenszeugnis. Auch wenn es selbstverständlich klingt: Gott ist unendlich viel größer als wir. Es gehört daher zu jeder missionarischen Spiritualität, dass wir das Bewusstsein für die Größe Gottes existenziell neu vertiefen, Gott in unserem Leben mehr Raum geben und seine Herrschaft für uns persönlich zum Lebensinhalt werden lassen. Die Hingabe des eigenen Ichs nach der Logik des Evangeliums führt zu innerer Befreiung und zur Freude des Herzens.

Die persönliche Gottesbeziehung bildet die bleibende Mitte des Christseins, aus der alles andere hervorgeht. Diese Mitte muss immer erkennbar bleiben in allen kirchlichen Aktivitäten. Aus dieser Mitte fließt auch die Kraft für das soziale Engagement der Kirche. Wir müssen den Hungrigen zuerst das Brot geben, aber wir müssen dann bei den Satten einen geistigen Hunger und eine Sehnsucht nach Gott wecken. Wer Gott von Herzen liebt, spürt die innere Notwendigkeit, die eigenen Egoismen zu durchbrechen und den Menschen zu ihrem ganzheitlichen Heil zu dienen.

Der Aufbruch zu einer neuen Etappe der Evangelisierung wird einzig und allein durch die Gottesfrage entschieden. Wir können mit froher Erwartung der Zukunft entgegengehen, wenn wir die Kirche als Ort der Gegenwart und des Wirken Gottes sichtbar und erfahrbar werden lassen, sodass die Menschen den Gott ihrer Sehnsucht in der Kirche wieder neu entdecken. Können wir diese Sehnsucht bei den Menschen wieder wecken? Können wir als Kirche diesen Gott den Menschen geben? Die Kraft, den Menschen das Evangelium weiterzugeben, finden wir als Kirche, die Gott dankt, ihn anbetet, ihm die Ehre gibt.

2. Christus ähnlich werden

In einer missionarischen Spiritualität geht es darum, meinen Blick immer auf Christus auszurichten, immer mehr Christ zu werden, den Weg der Umkehr jeden Tag neu zu gehen. Es ist die Berufung des Christen, immer neu aufzubrechen, immer auf dem Weg zu sein, immer bemüht zu sein, Christus ähnlicher zu werden.

Wachstum im geistlichen Leben müssen wir als einen Prozess verstehen, in dem wir nicht stehen bleiben dürfen und der uns manchmal ungewohnte Wege gehen heißt, um zu Jesus zu kommen. Wie der Gelähmte über das Dach zu Jesus gebracht worden ist, müssen wir auch den Spalt im Dach suchen, durch den wir zu Jesus kommen können. Wachstum im geistlichen Leben bedeutet, den Weg Jesu zu gehen, den Weg der Menschwerdung. Auf diesem Weg entdecken wir unser Menschsein aus der Perspektive Gottes, erleben unseren Weg als Mensch aus dem Blickwinkel unseres Woher und Wohin.

In den verschiedenen Bereichen, in denen wir tätig sind, bleibt die Grundlage unseres evangelisierenden Wirkens die innige und persönliche Verbundenheit mit Jesus Christus. Sie muss Tag für Tag erbeten, gepflegt und vertieft werden. Sie ist das Kernstück des christlichen Selbstverständnisses und die bleibende motivierende Kraft für jeden pastoralen Dienst. Nur wenn wir in den Herrn wirklich »verliebt« sind, haben wir die Kraft und Motivation, ihn zu den Menschen zu bringen. Dann können wir Helfer sein für die Menschen, indem wir sie für die barmherzige Liebe zu Gott und so die Welt für die Barmherzigkeit Gottes öffnen.

3. Offen sein für die Gaben des Geistes

Missionarische Spiritualität ist ein Leben aus dem Vertrauen, dass der Geist Gottes alles neu machen kann.

Wenn wir uns dem Geist Gottes öffnen, dann vermag er alles zu tun, was wir alleine nicht schaffen. Das geistliche Leben ist eine Einübung in die gläubige Wahrnehmung, die anerkennt, was Gott selbst in uns wirkt. Auf diese Weise werden wir fähig, uns im Gebet zu Gott zu erheben. Gottes Geist, der in uns wirkt, macht uns großherzig und befreit uns von einer abgeschotteten Geisteshaltung. Er bewegt uns, das Gute zu tun und das Leben mit anderen zu teilen. Die Gnadengaben *(Charismen)*, die der Geist uns schenkt, haben primär eine missionarische Ausrichtung. Der Heilige Geist schenkt seine Gaben den einzelnen Menschen für den Aufbau der Kirche. Die Liebe hält alle diese Charismen zusammen (vgl. 1 Kor 13). Deshalb gehört zu einer missionarischen Spiritualität, dass wir unsere Charismen wechselseitig wertschätzen und sie als komplementär verstehen. Das Miteinander und Füreinander der Gläubigen in der Kirche ist unverzichtbar für ein überzeugendes Zeugnis. Die Einheit und Vielfalt in der Kirche als versöhnte Verschiedenheit ist eine sichtbare Frucht des Reiches Gottes.

4. Die eigene Sendung überzeugt vertreten

Missionarische Spiritualität schließt ein, dass wir uns unserer ureigenen Sendung gewiss werden. Als von Christus berufene und gesandte Christen haben wir Anteil an seinem Dienst. Wir sind in die Welt gesandt, als Boten Christi »Licht zu bringen, zu segnen, zu beleben, aufzurichten, zu heilen, zu befreien«.[84] Christus braucht Kundschafter, Sprecher und Zeugen, damit seine Botschaft durch das Lebenszeugnis der Gläubigen und den Heilsdienst der Kirche Menschen erreicht. Die Mission der Kirche steht und fällt mit den Menschen. Die entscheidende Frage ist: Wo gibt es in der Kirche Menschen, die aus innerer Leidenschaft für Christus und für seine Kirche brennen und den Glaubensmut aufbringen, die Herausforderungen der Mission anzunehmen? Mission kann nur gelingen mit Menschen, die von der Botschaft Christi innerlich berührt und überzeugt sind.

Durch unsere aktive Teilnahme an den Lebensvollzügen der Kirche – der Mitfeier der Liturgie, der ganzheitlichen Diakonie und der frohen und überzeugenden Verkündigung der Heilsbotschaft in Wort und Tat – setzen wir den Heilsdienst Christi an den Menschen fort. Unsere eigene Rolle und die uns zugedachte Sendung finden wir, wenn wir uns existenziell auf das Christusereignis besinnen und durch eine gelebte Christusbeziehung immer mehr zu glaubenden, hoffenden und liebenden Menschen werden.

Jeder Christ muss sein Christsein selbst leben, kein anderer kann es für ihn leben. Jeder Christ soll Sorge tragen auch für das eigene Heil und sich für das eigene Tun und Lassen verantwortlich wissen. In diesem Bewusstsein können wir die gegenwärtige Individualisierung missionarisch fruchtbar werden lassen. Christen, die ihren Glauben aus Überzeugung und mit Freude leben, schenken der Kirche missionarische Anziehungskraft. Evangelisierung bedeutet ja nicht, andere zu überreden, sondern als Christen so zu leben, dass andere Menschen unser Leben als schön und sinnvoll empfinden, damit sie selbst fragen, wer Jesus Christus ist, was die Kirche bedeutet und wie der christliche Glaube eine Grundlage für ein sinnvolles Leben darstellt. In diesem Sinne gilt: Wir haben nicht nur eine Botschaft zu verkünden, sondern wir sind die Botschaft.

Evangelisierung wird dort gelingen, wo Christen ihren Glauben mit innerer Freude und Überzeugung leben. Eine missionarische Spiritualität treibt uns an, die entscheidenden Fragen zu stellen und auf sie mit unserem Leben zu antworten: Wie können wir den uns begegnenden Mitmenschen ein wenig von der Liebe und der Barmherzigkeit Gottes erfahrbar machen? Wie können wir von der Schönheit des Evangeliums durch unser Leben Zeugnis geben? Wie können wir durch unser Dasein und Sosein als Christen die Sehnsucht nach Gott wecken? Wie kann es uns gelingen, Hoffnung stiftend und voll Vertrauen auf Gott die Zukunft der Kirche mitzubauen und mitzugestalten?

5. Einander Weggefährten im Glauben sein

Wenn wir den Glauben persönlich als eine Kraft erfahren, die das Leben in Fülle ermöglicht und fördert, dann wächst in uns der Wunsch, diese Erfahrung mit anderen Menschen zu teilen. Missionarische Spiritualität lässt Lebensorte des Glaubens aufblühen, wo Begegnungen, Glaubensgespräche und gelebte Gastfreundschaft Teil unseres Lebensstils werden. Anteilnahme, Solidarität und geschwisterliche Liebe machen die schöpferische

Kraft des Evangeliums dort sichtbar, wo Gläubige Wege suchen, einander Weggefährten im Glauben und Leben zu sein.

Wir können eine einladende, offene und willkommen heißende Kirche werden, wenn jeder und jede von uns, geprägt von der wahren Katholizität der Kirche und getragen von einer missionarischen Spiritualität, eine Haltung und eine Kultur der Offenheit, der Einladung und des Willkommens entwickelt. Die innere Beziehung jedes einzelnen Gläubigen zu Christus ist die Kraftquelle, um die Vision einer offenen und den Menschen zugewandten Kirche Wirklichkeit werden zu lassen.

Es liegt an jedem von uns, dass wir wahrhaft »katholisch«, also allumfassend und in die Tiefe des Glaubens gehend werden, dass wir aus der katholischen Fülle schöpfen und ohne Anbiederung weltoffen die katholische Weite leben. Wir alle sind eingeladen und berufen, in diesem vollen Wortsinn »katholisch« zu werden und aus der Fülle des Katholischen zu leben und zu handeln.

Aus der gelebten Beziehung zu Christus entstehen neue Beziehungen untereinander und damit ein Netzwerk der christlichen Geschwisterlichkeit. All das, was uns hindert, die Freude des Evangeliums zu leben, müssen wir vermeiden, indem wir uns durch die Begegnung mit Jesus Christus heilen und verwandeln lassen.

6. Dankbar sein für das Gute in der Kirche

»Unser Schmerz und unsere Scham wegen der Sünden einiger Glieder der Kirche und wegen unserer eigenen

Sünden dürfen nicht vergessen lassen, wie viele Christen ihr Leben aus Liebe hingeben. Sie helfen vielen Menschen, sich in unsicheren Krankenhäusern behandeln zu lassen oder dort in Frieden zu sterben; in den ärmsten Gegenden der Erde begleiten sie Menschen, die Sklaven verschiedener Abhängigkeiten geworden sind; sie opfern sich auf in der Erziehung von Kindern und Jugendlichen; sie kümmern sich um alte Menschen, die von allen verlassen sind; sie versuchen, in feindlicher Umgebung Werte zu vermitteln, oder sie widmen sich auf viele andere Arten, die die grenzenlose Liebe zur Menschheit deutlich machen, die der Mensch gewordene Gott uns eingegeben hat. Ich danke für das schöne Beispiel, das viele Christen mir geben, die ihr Leben und ihre Zeit freudig hingeben. Dieses Zeugnis tut mir sehr gut und unterstützt mich in meinem persönlichen Streben, den Egoismus zu überwinden, um mich noch intensiver meiner Aufgabe widmen zu können« (Papst Franziskus).[85]
Papst Franziskus richtet nicht nur einen ehrlichen Blick auf die Versuchungen und die Schwächen in der Kirche, sondern er hebt auch den positiven Beitrag der Kirche in der heutigen Welt hervor. In der Tat können wir als katholische Christen dankbar und im positiven Sinne stolz sein, dass es in der Welt keine vergleichbare Institution gibt, die so viel Gutes, auch im Verborgenen, tut wie die Kirche. Zu einer missionarischen Spiritualität gehört, dass wir, um des Evangeliums willen, froh und dankbar sind für das Gute und Schöne, das in der Kirche geschieht, und von ihm auch Zeugnis geben.

7. Einen neuen Stil des Umgangs finden

Eine missionarische Spiritualität übt den Mut zur Selbstkritik und zu einer echten Gewissensforschung, anstatt die Schuld auf »die anderen« oder »die Kirche« zu schieben. Papst Franziskus appelliert an eine neue Motivation des ganzen Gottesvolkes und macht uns aufmerksam, warum wir in der Kirche einen Mentalitätswandel und einen neuen Stil nötig haben. Es soll nichts weniger als eine Revolution des Herzens und der Liebe stattfinden. Jeder in der Kirche soll sich fragen: Wie kann ich an meinem Ort, in meinem Leben, in meinem Dienstbereich das Evangelium Jesu Christi erfahrbare Wirklichkeit werden lassen? Wenn wir die lebendige Stimme des Evangeliums hören, können auch wir selbst dem lebendigen Evangelium eine hörbare Stimme geben.

Viele Sätze, die wir in unserem kirchlichen Alltag und in der Diskussion gebrauchen, muss jeder und jede von uns auf sich selbst anwenden lernen:

»Kirche muss eine menschenfreundliche Kirche sein!« – »Ich muss als Mensch und als Christ selbst menschenfreundlich werden!«

»Die Kirche muss Gott und den Menschen nahe sein!« – »Ich muss als Glaubender Gott nahe sein, damit ich bei den Menschen sein kann.«

»Die Kirche muss dialogfähig sein!« – »Ich muss mich selbst prüfen, wie dialogfähig ich bin.«

»Die Macht in der Kirche muss Dienst sein!« – »Wie verstehe ich meinen Dienst und die mir vom Herrn durch die Kirche verliehene Vollmacht, wie lebe ich sie?«

»Kirche muss anziehend und attraktiv sein!« – »Was tue ich dafür, dass die Kirche anziehend für die Menschen wird?«

»Die Kirche muss authentisch und glaubwürdig sein!« – »Lebe ich meinen Glauben selbst authentisch und glaubwürdig?«

»Die Kirche muss barmherzig und verständnisvoll sein!« – »Bin ich selbst barmherzig in meinem Verhalten oder autoritär und selbstverliebt?«

»Die Kirche soll sich nicht selbst in den Mittelpunkt stellen!« – »Wie oft bin ich gekränkt und ungenießbar, wenn ich nicht selbst im Mittelpunkt stehe?«

Jedes »man müsste« und »man sollte« weist zurück auf jeden von uns. Es wird in der Kirche keinen wahren Aufbruch geben, wenn wir die Sünde des »man müsste« nicht ehrlich bekämpfen. Wir alle wünschen uns mit Recht eine Kirche, die authentisch, demütig, einfach und glaubwürdig ist. Dieser Wunsch wird genau dann in Erfüllung gehen, wenn jeder von uns, jeder Gläubige und jeder in der Kirche Tätige, authentisch, demütig, einfach und glaubwürdig das Christsein lebt und davon Zeugnis gibt. Diesen Anspruch können wir nur erfüllen, wenn jeder von uns im Gebet beständig die Kraft des Heiligen Geistes erbittet.

8. Den Geist des Dienstes leben

Missionarische Spiritualität findet das Kriterium ihrer Echtheit im Geist des Dienstes, in einer aus innerer Einsicht kommenden Motivation und einem persönlichen

Verantwortungsgefühl für die Verbreitung des Evangeliums. Papst Franziskus möchte eine missionarische Bewusstseinsbildung in allen Bereichen und nennt auch Herausforderungen, die wir im Alltag der Seelsorge erleben.

»Wenn wir mehr missionarische Dynamik brauchen, die der Erde Salz und Licht bringt, fürchten viele Laien, jemand könne sie einladen, irgendeine apostolische Aufgabe zu erfüllen, und versuchen, jeder Verpflichtung auszuweichen, die ihnen ihre Freizeit nehmen könnte. Heute ist es zum Beispiel sehr schwierig geworden, qualifizierte Katechisten für die Pfarreien zu finden, die in ihrer Aufgabe über mehrere Jahre hin ausharren. Doch etwas Ähnliches geschieht bei den Priestern, die wie besessen um ihre persönliche Zeit besorgt sind. Das ist oft darauf zurückzuführen, dass sie das dringende Bedürfnis haben, ihre Freiräume zu bewahren, als sei ein Evangelisierungsauftrag ein gefährliches Gift anstatt eine freudige Antwort auf die Liebe Gottes, der uns zur Mission ruft und uns erfüllt und fruchtbar macht. Einige sträuben sich dagegen, die Freude an der Mission bis auf den Grund zu erfahren und bleiben in eine lähmende Trägheit eingehüllt.«[86]

Die menschliche und spirituelle Reife der in der Kirche Tätigen ist eine Grundvoraussetzung für das fruchtbare Wirken der Kirche. Die spirituelle Aufgabe, aus innerer Einsicht an sich selbst zu arbeiten, ist eine stete persönliche Herausforderung. Das alles mag uns einfach und altbekannt vorkommen, hat aber nichts von seiner

Aktualität verloren. Der erhoffte Aufbruch der Kirche kann nur dann gelingen, wenn die Führungskräfte der Kirche, das ›Bodenpersonal Gottes‹, spiritueller und dadurch menschlicher werden, zu Männern und Frauen Gottes. Denn wer in der Kirche Verantwortung trägt, kann die Strahlkraft des Glaubens trüben oder auch voll zum Leuchten bringen. Dafür braucht die Kirche nicht ›Macher‹, sondern ›Mystiker‹. Nicht der Schein ist in der Kirche entscheidend, sondern das Sein der Christen in Christus.

Diese Einsichten gelten für alle, insbesondere für Bischöfe, Priester, Ordensmänner, Ordensfrauen, Theologen und Theologinnen sowie für Haupt- und Ehrenamtliche in der Kirche. Alle müssen der Evangelisierung dienen und ihrem Amt und ihrer Stellung entsprechend durchsichtig für Christus werden, Christusträger sein. Wenn bei Wahlen und Ernennungen in den Diözesen und Ordensgemeinschaften für manche Amtsinhaber nicht der Dienst im Mittelpunkt steht, sondern die eigene Macht, Ehre und Würde, dann bündeln solche Verhaltensweisen vielfache Kräfte und blockieren eine fruchtbare Evangelisierung. Deswegen erfordert die Evangelisierung, dass die Führungskräfte der Kirche ihr Amt als Dienst verstehen und sich nicht selbst in den Mittelpunkt stellen, sondern Jesus Christus und die von ihm gegebene Sendung der Kirche. Alle müssen bereit sein, eine ›spirituelle Weltlichkeit‹, die Pflege eigener Eitelkeiten unter dem Deckmantel der Religion, in der Kraft des Heiligen Geistes in eine spirituelle Menschlichkeit umzuwandeln. Wenn es uns gelingt, uns eine neue Menschlichkeit anzueignen, werden wir Hirten nach dem Herzen Jesu.

Heute muss der Hirte nicht nur das eine verlorene Schaf suchen gehen, sondern einen Großteil der Herde. Solche die Herde suchende Hirten werden den Geruch der Schafe annehmen, und sie müssen, um im Bild des Papstes zu bleiben, den wohlriechenden Gottesduft, den Duft der Freude des Evangeliums, in den Schafstall bringen. Soweit die Zukunft der Kirche von uns abhängt, wird darüber die Antwort auf die Frage entscheiden, ob wir als gläubige Christen selbst das Evangelium Jesu Christi leben und so zu Vorbildern und Lehrern des Glaubens werden. Vor allem die in der Seelsorge Tätigen sind in dieser Vorbildfunktion angefragt. Denn nur das gelebte Evangelium kann die Menschen wirklich in ihrem Herzen anrühren.

Alles, was wir von der Kirche sagen und von ihr fordern, sollen wir nicht in einer allgemeinen Wir-Form oder gar in der »Die da«-Form äußern, sondern in der Ich-Form vorbringen. Wenn ich sage, die Kirche muss reformiert und verändert werden, soll ich als Christ zuerst sagen: »Ich muss mich selbst an die Stelle der Kirche stellen, sodass die Forderung auf mich weist: Ich muss selbst erneuert und verwandelt werden.« Nicht eine abstrakte Kirche macht die Verkündigung der Botschaft unglaubwürdig, sondern die einzelnen Gläubigen in der Kirche, besonders jene, die durch ihr Dienstamt der Kirche ein wahrnehmbares Gesicht geben, aber in ihrem

Verhalten gegen den Geist des Evangeliums handeln. Wie nicht allein die Kutte den Mönch macht, so macht nicht allein die Taufe aus den Christen bessere Menschen oder das Weihesakrament aus dem Geweihten einen besseren Christen.

Damit die Gnade des Sakraments ihre volle Wirkung entfaltet, müssen die Empfänger der Sakramente mit Gott kooperieren, damit die Gnade des Sakramentes ihre volle Entfaltung findet: »Entfache die Gnade Gottes wieder, die dir durch die Auflegung meiner Hände zuteilgeworden ist« (vgl. 2 Tim 1,6).

Aus dem Geist des Dienstes zu leben bedeutet, sich das Gebet Jesu zu eigen zu machen: »Dein Wille geschehe.« Diese Bitte sollte besonders die Lebenshaltung derjenigen kennzeichnen, die in der Kirche tätig sind. Bereitschaft zu einem großherzigen Einsatz für das Evangelium gehört zu einer missionarischen Spiritualität, Begeisterung für die große Vision Gottes, alle Menschen zu erreichen. Denn der Herr hat seinen Jüngern nicht gesagt, angeln zu gehen, sondern Netze zum Fischen auszuwerfen, nicht die eigene Ehre, sondern die Ehre Gottes zu suchen. Dieses Selbstverständnis der ersten Apostel werden in den späteren Jahrhunderten die Heiligen der Kirche immer wieder zum Ausdruck bringen. Der heilige Ignatius von Loyola wird sagen: *Alles zur größeren Ehre Gottes.* Der heilige Vinzenz Pallotti wird es noch einmal steigern: *Alles zur unendlichen Ehre Gottes.*

Ohne Zeugnis der spirituellen Selbsthingabe, ohne menschliche Großherzigkeit und spirituelle Menschlichkeit des Einzelnen kann die Glaubensgemeinschaft die Glaubwürdigkeit des Evangeliums nicht lebendig erfahrbar machen. Welche großartige Hoffnung können wir als pilgerndes Volk Gottes der Welt geben, wenn wir im Geist des Dienstes die Liebe zu Gott und unserem Nächsten – mit aller notwendigen Unterscheidung zwischen beidem – in Gleichklang bringen! Wie stark können wir uns für das Wohl der Menschen, für soziale Gerechtigkeit, für die Besserstellung der Armen und Notleidenden einsetzen, wenn wir die Kraft unserer Sendung nicht verlieren in nie enden wollenden innerkirchlichen Debatten über Strukturreformen, Finanzen, Machtverteilungen und durch die Beschäftigung mit vielerlei narzisstischen und selbstverliebten Kriegen unter den Aktiven und Tätigen der Institution Kirche!

9. Christus in den Armen begegnen

Eine missionarische Spiritualität lebt aus der Erfahrung, dass der Dienst am anderen und an der leidenden Welt Ort der Begegnung mit Christus ist. In dieser Perspektive kann die soziale Dimension des Glaubens der bevorzugte Ort der Christusbegegnung und damit des missionarischen Aufbruchs sein.

Wir sind gerufen, uns an den Grundprinzipien der Wahrheit des Evangeliums zu orientieren, indem wir dem für uns arm gewordenen Christus nachfolgen. Wenn wir am Reich Gottes Maß nehmen, dürfen wir darauf hoffen, dass wir die Befähigung und Kraft verspüren, uns für die Armen und für Gerechtigkeit in der Welt einzusetzen. Dann erfüllen wir die mutigen Worte von Papst Franziskus mit Leben: »Aus diesem Grund wünsche ich mir eine arme Kirche für die Armen.« Die Kirche versteht ihren Dienst als Heilshandeln Gottes, wenn sie ihre existenzielle Armut bewusst lebt. Nur so kann sie Hoffnung für die Welt sein; denn das Handeln Gottes ist die tragende Mitte der Kirche, es macht sie zu dem, was sie ist und was sie sein soll. Würde man diese Mitte streichen, bliebe nur menschlicher Aktionismus übrig. Eine arme Kirche für die Armen bedeutet: nicht eine Kirche von Menschen bauen allein durch unser Machbarkeitsdenken, sondern das eigene Sein und die Sendung der Kirche ganz im Heilshandeln Gottes zu gründen.

10. Die Geister unterscheiden

Der christliche Glaube kann die jeweilige Gesellschaft prägen und verändern, indem er Orientierung gibt, die gesellschaftlichen Fragen im Lichte des Evangeliums zu deuten. Zu einer missionarischen Spiritualität gehört die Unterscheidung der Geister an Hand des Evangeliums. Die jeweilige Gesellschaft kann die Grundbotschaft des Glaubens nicht beliebig verändern und anpassen. Der Glaube kann sein prophetisches Potenzial nicht preisgeben, denn die Kirche hat den Auftrag, die Welt im Lichte des Evangeliums zu verwandeln, nicht, sich von der Welt verwandeln zu lassen. Es ist die Aufgabe der Gläubigen, die katholische Grundüberzeugung argumentativ und dialogisch in die Gesellschaft hinein zu kommunizieren. Der Geist weht, wo er will (Joh 3,8), aber nicht jede Regung des Zeitgeistes ist eine Eingebung des Heiligen Geistes. Christen müssen sich in der Unterscheidung üben, was wirklich vom Heiligen Geist stammt und was vom jeweiligen Zeitgeist oder aus den eigenen Vorstellungen kommt. Das Kriterium der Unterscheidung ist, ob es dem Evangelium Jesu Christi entspricht, wie es die lebendige Tradition der Glaubensgemeinschaft interpretiert und versteht. Die Sendung der Kirche gründet in der Erfahrung der Zeugen, kommt zum Ausdruck in Beziehungen und ist gerichtet auf die Weitergabe einer Botschaft: »Durch die Ansprüche und Sachzwänge der Welt aber wird das Zeugnis verdunkelt, werden die Beziehungen entfremdet und wird die Botschaft relativiert [...] Um ihre Sendung zu verwirklichen, wird [die Kirche] auch immer wieder Distanz zu ihrer Umgebung nehmen müssen, sich gewissermaßen ›entweltlichen‹.«[87] Das Wort Benedikts XVI. von der notwendigen »Entweltlichung« ist ein Aufruf, aus falschen Abhängigkeiten frei zu werden, damit die Kirche ihren eigentlichen Auftrag erfüllen kann. Die Entweltlichung dient zur Identitätssicherung der Kirche. Ohne das Kreuz und ohne gläubige Offenheit für die Erwartung der kommenden Vollendung können wir die Botschaft Jesu in ihrer Radikalität nicht verstehen.

Eine Spiritualität der Unterscheidung der Geister führt weder in eine anpassende Verweltlichung noch in einen ängstlichen Weltrückzug. Wir können uns weder einfach nach dem Maß dieser Welt richten und das Reich Gottes aus den Augen verlieren noch aus der Welt zurückziehen, für die und in der wir unseren Auftrag zu verwirklichen haben.

Wir brauchen die Unterscheidung der Geister, um die notwendige moralische Kraft aufzubringen, prophetisch und kritisch auf ungerechte Strukturen und Unterdrückung der Menschen hinzuweisen und uns aktiv für die ganzheitliche Befreiung und die Würde der Menschen einzusetzen. Gott hat seinen Sohn in die Welt gesandt, um den Menschen das ganzheitliche Heil Gottes zu bringen. Weil wir an seiner Heilssendung teilnehmen, sind auch wir in die Welt gesandt, wie Jesus Christus von seinem Vater in die Welt gesandt worden ist. Deshalb ist der Weg des Christseins nicht Rückzug aus der Welt, sondern Mitgestaltung der Welt in der Kraft des Evangeliums.

Wir sind berufen, unseren Glauben an Gott mitten im Getümmel der Welt zu bezeugen, indem wir unseren Glauben im Alltag des Lebens bewähren. Wo wir leben und arbeiten, da soll der Glaube Gestalt annehmen und unser Handeln und die Gestaltung unseres Lebens aus dem Geist und der Kraft des Evangeliums geprägt sein. Unser Christsein drängt uns mitzuhelfen, die Welt in Christus zu verwandeln, und lässt sich nicht hinausdrängen mit der Behauptung, dass Religion eine Privatsache sei. In die Welt gesandt zu sein bedeutet nicht, dass wir die Konfliktlinien der Welt außer Acht lassen. Ziel der Sendung ist es, die immer wiederkehrenden Muster und die Logik der Strukturen der Welt zu durchbrechen und in der Kraft Gottes neue moralische, spirituelle und religiöse Haltungen zu entwickeln. Wir müssen als Christen erkennen: Wir sind zu größeren Horizonten aufgerufen, und deshalb müssen wir in die Höhe blicken. Christlicher Einsatz bedeutet, in der Welt die stete Erinnerung wachzuhalten, was ihr von der Schöpfung her von Gott gedachtes Ziel ist.

11. Den Versuchungen widerstehen

Als Kinder unserer Zeit erliegen auch wir immer wieder Versuchungen, die unsere Botschaft ihrer Strahlkraft berauben. Das gilt in besonderem Maße für die in der Seelsorge Tätigen. Darum benennt Papst Franziskus einige »Versuchungen der in der Seelsorge Tätigen«[88], um uns allen bewusst zu machen, wo die notwendige Reform und Erneuerung der Kirche beginnen müssen – nicht bei den Strukturen und bei den anderen, sondern zuerst und vor allem bei uns selbst. Denn wenn bei den kirchlich Tätigen keine spirituelle Erneuerung und Verhaltensveränderung stattfinden, kann es keine wirkliche Reform und keinen neuen Aufbruch der Kirche geben. Was Franziskus als »Versuchungen« darstellt, ist ein Spiegel für uns, ehrlich und selbstkritisch uns und unser Verhalten als Seelsorger und Seelsorgerinnen in Frage zu stellen.

Die Botschaft des Papstes in diesen Abschnitten von *Evangelii gaudium* ist als Herzstück seines Schreibens zu verstehen. Er nennt als die größten Versuchungen für die in der Seelsorge Tätigen den Egoismus, den Pessimismus, die geistliche Wüstenbildung, die spirituelle Weltlichkeit und die vielen Formen kircheninterner

Kriege. Wenn wir ehrlich sind, müssen wir selbstkritisch zugeben: Es gehört zum Menschsein des Menschen, dass jeder von uns diesen Versuchungen, je nach Lebenssituation, erliegen kann, unabhängig von der Stellung und dem Verantwortungsbereich in der Kirche.

Dieses Bewusstsein ist der erste Schritt zur Veränderung. Sie setzt ein bei der ernsthaften Gewissenserforschung jedes Einzelnen, wo er diese menschlichen Neigungen und Schwachheiten in seinem Leben entdecken kann. Zu einer missionarischen Spiritualität gehört es, diese Versuchungen zu erkennen, ihnen zu widerstehen und gegen sie anzukämpfen, indem wir ganz aus der Kraft des Glaubens im Geiste Jesu leben und uns wirklich bewusst Gott zur Verfügung zu stellen, damit er uns als sein Werkzeug in Dienst nehmen kann. Alle in der Kirche Tätigen müssen ihren Dienst nicht als Beruf, sondern als Berufung sehen. Stelle und Stunden können nicht das Entscheidende sein, sondern unsere Verfügbarkeit für Gott und die Menschen. Sicherlich wird diese Haltung immer wieder in Frage gestellt und begegnet Einwänden wie: »Ein Zuviel an Arbeit führt zu Burnout. Man muss auf seine Freizeit achten.« Auf gerade diese Vorbehalte will Franziskus aufmerksam machen, wenn er uns liebevoll auffordert, ein ›Nein‹ zu egoistischer Trägheit zu sagen.

12. Die Kraft des Fürbittgebetes entdecken

»Es gibt eine Gebetsform, die uns besonders anspornt, uns der Evangelisierung zu widmen, und uns motiviert, das Wohl der anderen zu suchen: das Fürbittgebet.« Papst Franziskus lädt uns ein, besonders die missionarische Kraft des Fürbittgebetes neu zu entdecken. »Die großen Männer und Frauen Gottes waren große Fürbitter. Das Fürbittgebet ist wie ein ›Sauerteig‹ im Schoß der Dreifaltigkeit. Es ist ein Eingehen in den Vater und ein Entdecken neuer Dimensionen, welche die konkreten Situationen erhellen und verändern. Wir können sagen, dass das Herz Gottes durch unser Fürbittgebet gerührt wird, aber in Wirklichkeit kommt er uns immer zuvor, und was wir mit unserem Fürbittgebet ermöglichen, ist, dass seine Macht, seine Liebe und seine Treue sich mit größerer Klarheit unter dem Volk zeigen.«[89]

Das fürbittende Gebet ist eine besondere Form, aus sich herauszugehen, beim anderen zu sein und das Leben des anderen mit Gott in Verbindung zu bringen. In dieser Gebetsform kann sich jeder Christ üben und auf diese Weise die missionarische Aktivität der Kirche innerlich begleiten.

Die zwölf Schritte einer Spiritualität der Evangelisierung, inspiriert durch das Apostolische Schreiben *Evangelii gaudium* von Papst Franziskus, zielen darauf, sich auf die Sendung der Kirche und die jedem Glaubenden durch Taufe und Firmung gegebene Sendung zu besinnen und alle Gaben des Glaubens für die Evangelisierung fruchtbar zu machen, damit die Kirche in unserer Zeit ein taugliches Zeichen und Werkzeug des Reiches Gottes wird. Wir dürfen zuversichtlich sein, dass es gelingen wird: Christus, der Gesandte des ewigen Vaters, der »Apostel und Hohepriester unseres Bekenntnisses« (Hebr 3,1), geht uns voran.

6 Vordenker einer zeitgemäßen missionarischen Kirche

Vinzenz Pallotti

Indem wir auf Christus schauen und auf sein Kreuz als Symbol des Sieges blicken, gehen wir mutig mit ihm, in der Kraft des Heiligen Geistes, die Freude des Evangeliums zu verbreiten. Wir sind dabei nicht allein, sondern umgeben von einer »Wolke von Zeugen« (Hebr 12,1), deren Worte und Wirken uns inspirieren. Für mich als Priester in der »Gesellschaft des katholischen Apostolats« gehört dazu auch der Gründungsheilige unseres Ordens, der heilige Vinzenz Pallotti. Daher fällt beim Überdenken der Aufgabe der Evangelisierung mein Blick auch auf ihn. Vinzenz Pallotti hat zwar im 19. Jahrhundert gelebt und gewirkt, aber sein vorbildliches christliches Leben kann uns im 21. Jahrhundert inspirieren.[90] Denn sein Lebenssinn bestand darin, den Glauben zu beleben und die Liebe neu zu entzünden. Seine apostolischen Tätigkeiten stammen aus einer tiefen Gottesbeziehung, und die Sendung seines Lebens war nichts anderes als gelebte Gottes- und Nächstenliebe.

Zum Leben von Vinzenz Pallotti

Vinzenz Pallotti wurde am 21. April 1795 geboren und starb am 22. Januar 1850 mit knappen 55 Jahren. In Rom wurde er geboren, in Rom lebte und arbeitete er, in Rom starb er schon im Ruf der Heiligkeit.

Seine Größe sah man schon damals darin, dass er in seinen Werken und Plänen einen besonderen Weitblick bewies. Das religiöse Lebenswerk dieses Mannes schien für eine noch unbekannte Zukunft als Wegzeichen und Modell entworfen. Nach den Worten von Pius XI. hat er »die katholische Aktion in ihren Grundzügen erkannt und durchgeführt«, Pius XII. bezeichnete ihn als »den bahnbrechenden Vorkämpfer der katholischen Aktion«, und Johannes XXIII. bemerkte voller Bewunderung, Pallotti habe es verstanden, die Laien für die Anliegen der Mission und des Apostolates an der Seite der Bischöfe und Priester zu gewinnen.

Während seiner ganzen Schulzeit gab es für Vinzenz kein anderes Berufsziel als das Priestertum. Im Alter von etwa 15 Jahren fiel dann eine ausdrückliche Vorentscheidung über seinen Berufsweg. Von dieser Zeit an, in der er sich auf die Subdiakonatsweihe vorbereitete, liegen schriftliche Äußerungen Pallottis vor. Er schrieb religiöse Erkenntnisse nieder und hielt seine Vorsätze und Entscheidungen schriftlich fest. Auch wer heute seine Äußerungen liest, spürt auf jeder Seite eine alles durchdringende Ergriffenheit von Gott. Vinzenz Pallotti war besonders fasziniert von der Unendlichkeit Gottes. Dabei war er weniger auf die unfassliche Größe Gottes gestoßen, sondern eher auf die Grenzenlosigkeit seiner Liebe. Seine Antwort ist ein stammelnder Versuch, dieser Liebe zu entsprechen. Kurz gefasst, klingt dies in dem Wahlspruch an, den er in dieser Zeit zum ersten Mal verwendete: *Ad infinitam Dei gloriam* – »Zur unendlichen Ehre Gottes«.

Der Schwung dieser Begeisterung trieb ihn an, bis zu seiner Priesterweihe so viel wie möglich zu tun. Er wollte so intensiv wie möglich studieren. Er bemühte sich, seine Fehler radikal zu bekämpfen und sich einzuüben in ein ständiges Bewusstsein der Nähe Gottes. Für Vinzenz war das Priestertum nicht die Grundlage einer seit langem geplanten Karriere, wie es in Rom damals üblich war. Er ließ sich von einer konsequenten Demut leiten, was die Ehren betrifft, die mit priesterlichen Ämtern verbunden sein können. So hatte er das Gelübde abgelegt, keinerlei Würden und Ehrenstellen anzunehmen.

Wir sehen den jungen Priester Vinzenz von einer Nächstenliebe angetrieben, die eine glänzende Laufbahn im päpstlichen Rom ausschloss. Er schreibt: »Ich möchte Speise werden, um die Hungrigen sattzumachen; Kleidung, um die Nackten zu bedecken; Trank, um die Durstigen zu erfrischen; Arznei, um den Magen der Schwachen zu stärken; ein weiches Bett, damit sich die Müden ausruhen; Heilmittel und Fürsorge, um die Leiden der Kranken, der Lahmen, der Verstümmelten, der Tauben, der Stummen usw. zu lindern; Licht, um die geistlich und leiblich Erblindeten zu erleuchten; Leben, um alle Verstorbenen für Gottes Gnade oder für das zeitliche Leben zu erwecken; so könnten sie zurückkehren und auf Erden sogar bis zum Gerichtstag Großtaten zur Ehre meines Gottes, meines Vaters, meines Schöpfers, meines [höchsten] Gutes, meines [ein und] alles vollbringen.«[91]

Pallotti schloss seine Studien mit dem Doktorexamen in Theologie und Philosophie ab, von dem seine Eltern nur auf Umwegen erfuhren. Im selben Jahr wurde an der Sapienza-Universität das Amt eines Repetitors für Dogmatik geschaffen, und man bot es Vinzenz an, eine mühselige, nicht eben leichte und schon gar nicht ruhmverheißende Stellung. Der Repetitor hatte mit den Studenten den Lehrstoff in Diskussionen so zu erarbeiten, dass alle ihn verstanden und mit ihrem Wissen selbständig umgehen konnten. Zehn Jahre versah Pallotti das unscheinbare Amt. Er lernte viele Theologen kennen, und auf nicht wenige von ihnen wirkte sein Einfluss klärend und verstärkend auf ihre Berufung.

1821 wurde ihm die Beichtvollmacht gegeben, und damit begann eine Tätigkeit, die ihn zeitlebens Tag und Nacht beschäftigte. Er wurde in seiner Zeit der vielleicht meistbesuchte Beichtvater Roms. Zu seinen Beichtkindern gehörten immer die Jugendlichen, die armen Leute, aber auch Ordensleute, Priester, Prälaten, ja Kardinäle und Päpste. Wenn ihm der Titel »Apostel Roms« zugesprochen wurde, dann nicht zuletzt deshalb, weil viele Christen durch eine Begegnung mit ihm ihr Leben geändert haben.

Pallotti war schon in seinen ersten Priesterjahren durch viele Tätigkeiten so bekannt, dass er 1825 als geistlicher Leiter an das römische Seminar, also an das Priesterseminar Roms, berufen wurde. Das war zwar eine ehrenvolle Berufung, aber alles andere als eine Ehrenstelle. 1833 kam dazu noch die vertretungsweise Leitung der Studenten am *Collegio Urbano de Propaganda Fide,* dem Studienort für Missionare und Studenten aus Missionsgebieten. Nach zwei Jahren übernahm Pallotti die volle Verantwortung für die nicht leichte Aufgabe, junge Leute aller Länder im Geist der christlichen Mission für ihren Beruf seelisch vorzubereiten.

Diese Tätigkeit im Dienst der Mission verstärkte noch die apostolische Gesinnung des Heiligen. Er sah deutlicher als früher die ganze Welt als ein Feld dringend nötiger Mission. Neben seinen vielen seelsorglichen und karitativen Tätigkeiten trat jetzt die Hilfe für die Missionsgebiete, für die er viele Gläubige zu begeistern wusste.

Alle Arbeiten Pallottis zeigten ihm immer wieder, dass die Welt zu wenig christlich sei und deshalb viel mehr Missionsarbeit geleistet werden müsse, in Ländern, die vorwiegend von Nichtchristen bewohnt wurden, ebenso wie in den sogenannten christlichen Nationen. Anlässlich dringender Notlagen in den Missionsländern, von denen er im Propaganda-Fide-Kolleg gehört hatte, verfasste er Aufrufe und organisierte Geldsammlungen in der ganzen Stadt Rom. Bei diesen Aktionen schloss sich ihm eine Gruppe Bekannter an, denen die Sorgen Pallottis zum persönlichen Anliegen geworden waren.

Der Heilige hat sehr oft einsatzbereite Christen kennengelernt, die er hie und da anleitete, Werke der Caritas freiwillig zu übernehmen. Um das Jahr 1834 drängte sich ihm immer mehr der Gedanke auf, das große Reservoir an missionarischer Kraft, das die Laien darstellten, für die gesamte Apostolatsaufgabe der Kirche zu aktivieren. Da heißt es etwa: »Deshalb kann sich jeder, der in seinem Stand, entsprechend seinen Kräften, im Vertrauen auf die göttliche Gnade nach Möglichkeit an der Verbreitung des Glaubens mitarbeitet, den Namen ›Apostel‹ verdienen. Was immer er für einen solchen Zweck tut, ist sein Apostolat.« Und er fährt begründend fort: »Nun befiehlt das Gebot der Liebe aber allen, Gott zu verherrlichen und über alles zu lieben und unsern Nächsten wie uns selbst. Deshalb sind wir verpflichtet, auf jede nur mögliche Weise wie für unser eigenes, so auch für unseres Nächsten ewiges Heil besorgt zu sein … Wie alle berufen, ja sogar verpflichtet sind, Jesus Christus nachzuahmen, so sind alle gemäß ihrer Stellung und ihrem Stand zum Apostolat berufen.«[92] Diese Sätze könnten von einem Zeitgenossen geschrieben sein, sie nehmen die Impulse des Zweiten Vatikanischen Konzils vorweg.

Vinzenz Pallotti sah bereits die Notwendigkeit, mit allen anderen zusammenzuarbeiten und die Kräfte zu bündeln. Ihm war sehr bewusst, dass »Vernunft und Erfahrung beweisen, dass [für gewöhnlich] das *Gute,* das vereinzelt getan wird, *spärlich, unsicher* und *von kurzer Dauer* ist und dass selbst die hochherzigsten Bemühungen Einzelner zu nichts *Großem* führen, auch nicht im *religiös-sittlichen* Bereich, wenn sie nicht vereint und auf ein gemeinsames Ziel hingeordnet sind«.[93]

Der Antrieb der Verlebendigung und Weitergabe des Glaubens bewegte Pallotti zunehmend mehr und war für ihn Gegenstand des Gebets und der Meditation. Bei einer solchen Betrachtung im Januar 1835 stand ihm ein Bild vor Augen, wie die ganze Christenheit für dieses Ziel mobilisiert werden könnte. Das war die Geburtsstunde seiner Vision des »katholischen Apostolates«.

Beim »katholischen Apostolat« geht es um das allgemeine Apostolat aller Katholiken zur Verbreitung des Glaubens unter allen Menschen. Es sollte eine allgemeine Missionstätigkeit der Katholiken an allen Menschen erreicht werden. Ein Apostolatswerk sollte entstehen, um unter den Christen, die wenig aus ihrem Glauben lebten, den Glauben zu beleben und zu vertiefen. Schließlich wünschte Pallotti ein weltumspannendes karitatives Engagement aller, um die Voraussetzung für den Glauben an einen liebenden Gott zu schaffen.

Pallotti plante nicht für ferne Zeiten und wartete nicht auf optimale Bedingungen, er sah sich gedrängt, sofort zur Verlebendigung der missionarischen Aktion der ganzen Kirche beizutragen. Ein äußeres Ereignis im Kreis seiner Freunde gab den nötigen Anstoß. Der apostolische Freundeskreis Pallottis erfuhr durch einer seiner Mitglieder von seelsorglichen Schwierigkeiten bei den chaldäischen Christen unter den arabisch sprechenden Völkern. Es fehlte dort an allem, besonders an ausreichender religiöser Literatur. Pallotti und sein Freundeskreis beschlossen, diesen Christen zu helfen, vor allem ihnen notwendige religiöse Literatur zur Verfügung zu stellen.

Als Erstes wollten sie das Büchlein *Die ewigen Grundsätze* des Alfons von Liguori, der 1839 heiliggesprochen und 1871 zum Kirchenlehrer erhoben wurde, in einer Auflage von zehntausend Exemplaren in arabischer Sprache drucken lassen. Pallotti beauftragte seinen Freund Giacomo Salvati, dafür das notwendige Geld zu sammeln. Salvati hatte große Bedenken, ob er das viele Geld überhaupt zusammenbringen könnte. Pallotti aber bestand darauf. Zur Überraschung aller verlief die Sammlung so erfolgreich, dass innerhalb weniger Stunden weit mehr als der benötigte Betrag zusammenkam.

Die Freunde waren zwar leicht in der Lage, neue apostolische Verwendungsmöglichkeiten für den Überschuss zu finden, aber sie beschlossen, ein verantwortliches Gremium zu gründen, um das Geld zu verwalten. Um die guten Werke, so berichtet Pallotti selbst, »nicht üblen Nachreden von Seiten Missgünstiger auszusetzen, hielt man es für gut, eine Vereinigung zu bilden. Diese sollte angesichts der gegenwärtigen Bedürfnisse den Zweck haben, für die Bereitstellung geistlicher und zeitlicher Mittel zu sorgen, um unter den Katholiken den Glauben aufs neue zu beleben, die Liebe wieder zu entzünden und in der ganzen Welt zu verbreiten«.

Für die heutige Zeit ist es vielleicht wichtig zu erwähnen: Pallotti und seine Freunde hielten sich nicht selbst für die Reformer der ganzen Kirche. Sie stellten sich ihren kleinen Kreis als eine Art Kristallisationspunkt vor, um den herum sich bald andere Gruppen über die ganze Erde hin bilden würden.

Da Vinzenz Pallotti gute Verbindungen zum Vatikan besaß, bekam er die Unterstützung des römischen Kardinalvikars und nicht viel später die des Papstes. Der Name seiner Gründung, »Gesellschaft des katholischen Apostolates«, könnte als Anmaßung empfunden werden; aber Pallotti hatte nur den Wunsch, dem missionarischen Auftrag der gesamten Kirche zu dienen; deshalb war für ihn »der ureigenste … Titel, der zur Verwirklichung des heiligen Zieles der Gesellschaft hinführt, … die Benennung ›Gesellschaft des katholischen Apostolates‹, das heißt des allgemeinen Apostolates, weil diese den Personen aller Schichten, jeden Standes, Ranges und jeder Stellung Anregungen zu tatkräftiger Mitarbeit an den Werken der Liebe und des Eifers vermittelt«.[94] Pallotti wollte mit seiner Missionsbewegung die aktive Mitarbeit und die apostolische Mitverantwortung aller katholischen Christen aufwecken und stärken.

Man spürt, wie universal und großzügig er in seiner Zeit vorging. Er wollte aus der Tiefe des Glaubens wachsen und aus der Fülle des Glaubens schöpfen. Das ist kennzeichnend für Pallotti: Er denkt universal, aber handelt lokal. Nichts Geringeres als die Aktivierung aller Katholiken in der Welt schwebt ihm vor. In diesem weiten Horizont wurde später von Pius XI. und von den Vätern des Zweiten Vatikanischen Konzils in den Dekreten über die Mission und das Laienapostolat gedacht.

Pallotti war seiner Zeit voraus. Obwohl er viele Kardinäle, Bischöfe, einflussreiche Laien, zahlreiche Klöster, eine große Anzahl an Missionaren und Freunden in aller Welt begeisterte, konnte er seine großartigen Ideen in seiner Zeit noch nicht verwirklichen. Ihm ging es wie seinem Meister, Jesus. Ein kühner Vergleich drängt sich mir hier auf: Jesus hat versucht, in einem ersten Anlauf das Volk von Galiläa und Jerusalem zu gewinnen, und sah sich bald auf einen kleinen Jüngerkreis zurückgeworfen. Ähnlich erging es auch dem heiligen Vinzenz Pallotti. Es musste erst in kleinen Gruppen erprobt werden, was im Großen geplant war. Die Zeit musste noch reifen.

Auch wenn Pallotti in seiner Zeit seine großen Pläne nicht verwirklichen konnte, arbeitete er weiter in vielfältiger Weise in allen seelsorgerlichen Bereichen und war in den angewandten Mitteln im wahrsten Sinne des Wortes ein moderner Apostel. Es gibt tatsächlich kein einziges Apostolats- und Fürsorgegebiet, auf dem Pallotti nicht führend tätig war und mit modernsten Mitteln seiner Zeit gearbeitet hat: Er entfaltete eine reiche karitative Fürsorge, gründete mehrere Waisenanstalten und war der Brotvater vieler Armen und Bettler. Er gründete und leitete vorübergehend mehrere Abend- und Handwerkerschulen. Er betrieb Arbeitsvermittlungen und half finanziell schwachen Betrieben durch Auftragsvermittlung zu neuem Aufstieg.

Daneben widmete er sich der religiösen und theologischen Bildung der Gläubigen. Er ließ Flugschriften und kleinere Broschüren zur Gestaltung des christlichen Alltags drucken und verteilen, vergriffene religiöse Bücher wieder auflegen und andere in fremde Sprachen übersetzen. Er selbst verfasste einige kleinere Schriften zur religiösen Erbauung. An der Herausgabe einer italienischen Enzyklopädie war er führend beteiligt. Nicht minder war sein Auge auf die auswärtigen Missionen gerichtet, zu deren Unterstützung führte er viele Aktionen durch.

Besondere Erwähnung verdient noch sein Interesse für die Einheit der Christen. Die drängende Aufgabe der Wiedervereinigung der Katholiken sowohl mit den Gläubigen der Kirchen des Ostens wie den protestantischen des Westens brannte ihm auf der Seele. Als Vinzenz seine ersten Gefährten nach London sandte, war nicht zuletzt der ökumenische Gedanke eine Triebfeder.

Den schönsten und tiefsten Ausdruck seiner Idee des katholischen Apostolates schuf Vinzenz Pallotti in der Einrichtung der feierlichen Dreikönigswoche, in der alljährlich in Rom die meisten Riten des Ostens und Westens gemeinsam Gott lobten und feierten. Die Feier der Epiphanie-Oktav war ein Fest des Glaubens und der Begeisterung für die Mission. An dieser großartigen Feier beteiligten sich immer mehr die ganze Kirche mit allen in Rom ansässigen Institutionen, die Laien und der Klerus, die Welt- und Ordenspriester, Bischöfe und Kardinäle. Im Jahre 1847 hielt Papst Pius IX. die Schlusspredigt. Kurz nach der Feier des Epiphaniefestes im Jahre

1850 wurde Pallotti krank und starb am 22. Januar im Ruf der Heiligkeit.

»Zur unendlichen Ehre Gottes«

Erst durch verschiedene Entwicklungen in der Kirche wurde ganz klar, welche bleibende Bedeutung Vinzenz Pallotti für die Christen und die Kirche hat. Papst Pius XI., der alle apostolischen Kräfte der Kirche durch die »katholische Aktion« mobilisieren wollte, drückte als erster Papst aus, dass Pallotti ein Vorkämpfer dieses Gedankens war.

Der Papst erkannte, dass die Gottergriffenheit des Heiligen und sein Traum von der missionarischen Aktivierung aller Gläubigen eine Einheit bilden. Die Verehrung der unendlichen Liebe Gottes und der Drang, alle verfügbaren Mittel für die Vertiefung und Verbreitung des Glaubens einzusetzen, gehören zusammen.

Durch zwei Ereignisse sehen wir die Ideen von Pallotti bestätigt und von der Kirche anerkannt. Im Jahre 1950 wurde Pallotti von Pius XII. seliggesprochen. Noch tiefer wurde seine Bedeutung während des Zweiten Vatikanischen Konzils herausgestellt. Papst Johannes XXIII. nahm 1963 Vinzenz Pallotti in das Verzeichnis der Heiligen auf.

Der Zusammenhang ist unübersehbar. Die Verlebendigung des Glaubens, der Impuls, den Gedanken der Mission auf der ganzen Welt und in allen gesellschaftlichen Schichten zu verbreiten, waren auch das Anliegen des Konzils. Die einzelnen Dokumente, besonders *Apos-*

tolicam actuositatem, das Dekret über das Laienapostolat, und *Gaudium et spes,* die Pastoralkonstitution, wirken, als seien sie unmittelbar von den Schriften Pallottis beeinflusst.

Die Grundideen Pallottis sind Allgemeingut der Theologie und des kirchlichen Lebens geworden. Seine Impulse, seine auf universale Mission gelenkte Gottesliebe, sind Grundlagen für eine zeitgemäße Spiritualität, um apostolisch aktive Kirche zu sein. Auch wenn viele Gedanken Pallottis in der Theologie und Spiritualität der heutigen Kirche präsent sind, wird er auch uns zurufen: »Von allen Werken der Liebe ist jenes das wertvollste, das zur größeren Ehre Gottes und zum Heil des Menschengeschlechtes [getan wird]«, das Werk der Evangelisierung.[95]

Pallottis Apostolat ist der Ausfluss seines reichen und gottinnigen Lebens. In ihm vereinen sich *vita activa* und *vita contemplativa,* das tätige und beschauliche Leben. Aktion und Kontemplation hat Pallotti in ihrer wunderbaren Einheit gelebt. Der Wesenskern des Apostolates finden wir in seinem gottgeeinten Leben. Im Grunde genommen hat Pallotti nichts anderes getan, als die Gottesliebe und die Nächstenliebe in einer Einheit zu sehen und daraus zu leben.

Für eine heutige Verwirklichung der Ideen des heiligen Vinzenz Pallotti müssen wir uns auf die zentrale Frage unseres Glaubens neu besinnen, nämlich auf die Frage nach Gott. Heute ist eine radikale Hinwendung zu Gott und der Gottesfrage notwendig. Wenn wir Gott, die unendliche Liebe, in die Mitte unseres Lebens stellen, werden wir auch die Notwendigkeit spüren, eine gelebte Antwort auf diese Liebe zu geben. Das gläubige Vertrauen, dass der unendlich liebende und barmherzige Gott den Menschen als ein Abbild geschaffen und erlöst hat, beschreibt die unüberbietbare Würde der Menschen; sie bindet alle Menschen aneinander zu einer Solidargemeinschaft, über alle Unterschiede hinweg und unabhängig von Neigung und Absicht.

Diese Verbundenheit ist die eigentliche Wurzel der allgemeinen Berufung zum Apostolat. Sie verlangt, dass der Mensch Gottes Liebe erwidert und sie an die Schwestern und Brüder weiterschenkt, indem er ihnen hilft, ihre Vollendung in Gott zu erreichen.

Wer sich dafür einsetzt, wirkt zugleich an seiner eigenen Heiligung mit, erweist Gott die Ehre und liebt den Nächsten wie sich selbst. Die Teilhabe am Leben Gottes und die dadurch entstehende gemeinsame Gottähnlichkeit ist die Grundlage aller Berufungen. Es geht gerade darum, Gott als die unendliche Liebe zu entdecken. Pallotti lebte von der persönlichen Erfahrung, sich von Gott in Jesus Christus bedingungslos und grenzenlos geliebt zu wissen. Das Wachsen in Freundschaft mit Christus ist die Kraftquelle aller apostolischen Tätigkeiten.

»Die Liebe Christi drängt uns«

Die Einmaligkeit und Universalität Jesu Christi bilden die Mitte des Christseins und der christlichen Sendung. In Jesus Christus wird der liebende Gott sichtbar. Leben in Christus ist daher Leben in der Liebe des Vaters. Es ist im Lichte dieser Überzeugungen, dass Vinzenz Pallotti die Worte des Apostels Paulus als Motto wählte: »Die Liebe Christi drängt uns« (2 Kor 5,14). Wie Jesus Christus sein Leben als die vollkommene Verherrlichung Gottes für das Heil des Menschen gelebt hat, sind wir auch berufen, in der Nachfolge Christi Gott zu verherrlichen.

Diese Christozentrik führt uns in die Mitte der Kirche. Denn wir finden Christus in der Kirche und durch die Kirche. Pallotti hat das Bild der Urkirche der Apostelgeschichte immer vor Augen. Nach der Himmelfahrt Christi gingen die Jünger in das Obergemach hinauf, wo sie nun ständig blieben. Sie alle verharrten dort einmütig im Gebet, zusammen mit den Frauen und mit Maria, der Mutter Jesu (vgl. Apg 1,12–14; 2,43–47). Wie Pallotti können wir aus dem Pfingstereignis neue Kraft schöpfen. Er schreibt: »Als ich im Leben der seligen Jungfrau las, wie die Apostel nach der Herabkunft des Heiligen Geistes auszogen, um das hochheilige Evangelium in den verschiedenen Weltteilen zu predigen, da gab unser Herr Jesus Christus meinem Geist die wahre Idee ein von der Natur und den Werken der Gesellschaft mit dem allgemeinen Ziel der Mehrung, Verteidigung und Verbreitung der Frömmigkeit und des katholischen Glaubens …«[96]

Eine neue missionarische Kraft und eine Verlebendigung des Glaubens wird dort entstehen, wo die gängige Kirchenkritik aufhört und wo Christen beginnen, von Gott Zeugnis zu geben. Die Liebe zu Christus wird sichtbar in der Liebe zur Kirche, der lebendigen Trägerin seiner Botschaft.

Um die Botschaft der Kirche durch Wort und Tat zu bezeugen und zu verkünden, braucht es eine tiefe christliche Bildung, die genährt und unterhalten wird von der ständigen Verbindung mit Christus im Gebet, in der Feier der Liturgie, im geschwisterlichen Leben, in der Nächstenliebe und in der theologischen Reflexion.

In der geistlichen Schule Pallottis werden wir inspiriert, eifrige Verkünder des lebendigen Glaubens und Apostel der tätigen Liebe zu sein.

Gott für die Menschen

Das Zweite Vatikanische Konzil hat uns gelehrt, die Kirche als *communio* zu verstehen. Diese *communio* entsteht durch unsere *communio* mit Gott. Die tiefere Verbindung mit Gott ermöglicht die *communio* untereinander. Wenn unsere Liebe zu Gott im Mittelpunkt unseres Lebens und unserer kirchlichen Aktivitäten steht, befinden wir uns auf einem sicheren Weg, den Glauben selbst als lebendige Kraft zu erfahren und ihn lebendig zu verkünden und zu bezeugen. Es geht darum, unser ganzes Leben auf Gott hin auszurichten und alle unsere Bemühungen im Alltag als Weg der Gotteserkenntnis und Gottesbeziehung zu verstehen.

Wo Kirche als *communio* gelebt wird, die Gott zum Mittelpunkt hat und ihn anbetet, dann haben wir unsere eigentliche Existenzberechtigung als neues Volk Gottes, und unsere Bemühungen der Evangelisierung gewinnen neue Anziehungskraft.

Die bleibende und tragfähige Botschaft unseres Glaubens lautet: Gott ist die lebendige, unser Leben und Denken bestimmende Kraft. Nur eine Gott zugewandte Kirche kann eine den Menschen zugewandte Kirche sein. Auch in der spirituellen Suche der Menschen unserer Zeit erklingt der Ruf: »Zeig uns Jesus!« Wir Christen und die Kirche sind ihnen eine Antwort schuldig!

Mission ist nichts anderes, als die Einladung an die Menschen, diese *communio* mit Gott und untereinander anzunehmen und zu leben.

Anmerkungen

Für die Dokumente des Zweiten Vatikanischen Konzils (1962–1965) wurden die gebräuchlichen Abkürzungen verwendet:

SC *Sacrosanctum concilicum.* Konstitution über die heilige Liturgie

LG *Lumen gentium.* Dogmatische Konstitution über die Kirche

GS *Gaudium et spes.* Pastoralkonstitution über die Kirche in der Welt von heute

1 Franziskus, *Evangelii gaudium* 273. – Teile des vorliegenden Buches wurden erstveröffentlicht in: G. Augustin, Aufbruch in der Kirche mit Papst Franziskus. Ermutigungen aus dem Apostolischen Schreiben »Die Freude des Evangeliums«, Stuttgart 2015.

2 Vgl. Walter Kardinal Kasper, Die Freude des Christen, Ostfildern 2018.

3 Vgl. G. Augustin, Wiederentdeckung der Kirche in der Zeit der inneren und äußeren Diaspora, in: Lebendiges Zeugnis 59, 3/2004, 170–184.

4 Vgl. A. Bünker, Missionarisch Kirche sein? Eine missionswissenschaftliche Analyse von Konzepten zur Sendung der Kirche in Deutschland, Münster 2004.

5 Vgl. G. Augustin, Aufbruch in der Kirche mit Papst Franziskus, Stuttgart 2015.

6 Franziskus, *Evangelii gaudium* 104.

7 Franziskus, *Evangelii gaudium* 96.

8 Franziskus, *Evangelii gaudium* 100.

9 Franziskus, *Evangelii gaudium* 263.

10 Irenäus von Lyon, Adversus häreses 20,7; Benedikt XVI., Generalaudienz Mittwoch, 27. Dezember 2006.

11 Vgl. G. Augustin, Kirche und Wirtschaft. Kritik an den Reichen oder Ermutigung zum verantwortlichen Wirtschaften?, in: Ders./R. Kirchdörfer (Hg.), Familie. Auslaufmodell oder Garant unserer Zukunft? Festschrift für Brun-Hagen Hennerkes, Freiburg im Breisgau 2014, 403–426.

12 Franziskus, *Evangelii gaudium* 199.

13 Vgl. W. Kasper, Barmherzigkeit. Grundbegriff des Evangeliums – Schlüssel christlichen Lebens, Freiburg im Breisgau 5. Aufl. 2016.

14 Zu diesem Kapitel vgl. den auf dem vierten Kongress zu Theologie und Pastoral in Bogota 2013 gehaltenen Vortrag des Autors in: Medina, G. (Hg.),.¿Cómo evangelizar en la era secular? Memorias del IV Congreso de Teología y Pastoral. Bogotá 2014. Vgl. auch: G. Augustin, Christlicher Glaube als Grundlage menschlicher Lebenskultur, in: ders. / H. Köhler, Glaube und Kultur (Theologie im Dialog 11), Freiburg im Breisgau 2014, 67–97.

15 Vgl. N. Luhmann, Die Religion der Gesellschaft, Frankfurt am Main 2000, 278–319; vgl. auch R. Inglehart, Kultureller Umbruch. Wertewandel in der westlichen Welt, Frankfurt am Main 1995; P. Mishra, Das Zeitalter des Zorns. Eine Geschichte der Gegenwart, Frankfurt am Main 2017.

16 Benedikt XVI., Begegnung mit in Kirche und Gesellschaft engagierten Katholiken in Freiburg im Breisgau (25. September 2011). http: / / w2.vatican.va / content / benedict-xvi / de / speeches / 2011 / september / documents / hf_ben-xvi_spe_20110925_catholics-freiburg.html

17 Paul VI., *Evangelii nuntiandi* 55.

18 W. Kasper, Papst Franziskus – Revolution der Zärtlichkeit und der Liebe. Theologische Wurzeln und pastorale Perspektiven, Stuttgart 2. Aufl. 2016, 150 Anm. 157.

19 Paul VI., *Evangelii nuntiandi* 55.

20 Ch. Taylor, Ein säkulares Zeitalter, Frankfurt am Main 2009, 15.

21 Vgl. Taylor, Ein säkulares Zeitalter [Anm. 20], 41–45.

22 Paul VI., *Evangelii nuntiandi* 20.

23 Vgl. Ch. Taylor, Quellen des Selbst. Die Entstehung der neuzeitlichen Identität, Frankfurt am Main 9. Auflage 1996; ders., Die Formen des Religiösen in der Gegenwart, Frankfurt am Main 2002.

24 Giovanni Pico della Mirandola, De ente et uno, zit. nach: Ausgewählte Schriften. Hg. von A. Liebert. Jena und Leipzig 1905, 178.

25 Vgl. R. Descartes, Meditationes de prima philosophia (1641). Sechste Meditation über Dasein der materiellen Dinge und die reale Unterschiedenheit von Seele und Körper.

26 Vgl. M. Weber, Die protestantische Ethik und der Geist des Kapitalismus, in: Gesammelte Aufsätze zur Religionssoziologie, Bd. 1 (1920), neu in: Max Weber-Studienausgabe, Bd I/18, R. H. Tawney, Religion and the Rise of Capitalism, 1926 (New Brunswick 2006; dt. Ausgabe: Religion und Frühkapitalismus. Eine historische Studie, Bern 1946).

27 A. Malraux, Die Lockung des Okzidents, Köln 1966 (La Tentation de L'Occident, 1926).

28 Therese vom Kinde Jesus, Selbstbiographische Schriften. Authentischer Text. Nach der von P. François de Sainte-Marie OCD besorgten und kommentierten Ausgabe. Ins Deutsche übertragen von Dr. Otto Iserland und Cornelia Capol, Einsiedeln 5. Aufl. 1958, 110.

29 Vgl. P. Tillich, Der Mut zum Sein, Steingrüben, Stuttgart 1953; Neuausgabe Berlin 1991. In dieser Schrift liefert der Autor eine sehr gute Analyse beider Formen der Angst.

30 Vgl. Rollo May, Love and Will, New York 1969 (dt. Liebe und Wille. Aus dem Amerikanischen von Brigitte Stein, Edition Humanistische Psychologie, 1988).

31 H. Bergson, Einführung in die Metaphysik, Jena 1909, 4.

32 R. Descartes, Meditationes de prima philosophia (1641) (dt. Untersuchungen über die Grundlagen der Philosophie. Übersetzt von Ludwig Fischer), Eröffnungssatz der Ersten Betrachtung.

33 I. Kant, Kritik der reinen Vernunft: Von dem Grunde der Unterscheidung aller Gegenstände in Phaenomena und Noumena; zit. nach der Berliner Ausgabe, eingerichtet von M. Holzinger, 2. Aufl. 2013, 175.

34 K. Horney, Flucht aus der Weiblichkeit. Der Männlichkeitskomplex der Frau im Spiegel männlicher und weiblicher Betrachtung (1926), in: Dies., Die Psychologie der Frau, Frankfurt am Main 1984, 26–42.

35 R. Tarnas, Idee und Leidenschaft. Die Wege des westlichen Denkens. Übersetzt von E. E. Sohms, 1999, 555–556.

36 Eine gewichtige Stimme dieses Perspektivwechsels in der zweiten Hälfte des zwanzigsten Jahrhunderts ist der österreichisch-amerikanische Physiker und Philosoph Fritjof Capra. Vgl. F. Capra, Wendezeit, Bern 1983, überarbeitete und erweiterte Ausgabe 1985.

37 Jesus Christus der Spender lebendigen Wassers. Überlegungen zu New Age aus christlicher Sicht, 21 mit Verweis auf M. Introvigne, New Age & Next Age, Casale Monferrato 2000, 267. Es handelt sich um die deutsche Fassung des Dokuments *Jesus Christ the Bearer of the Water of Life. A Christian Reflection on the ›New Age‹.* Veröffentlicht 2003 vom Päpstlichen Rat für die Kultur und dem Päpstlichen Rat für den interreligiösen Dialog.
www.vatican.va / roman_curia / pontifical_councils / interelg / documents / rc_pc_interelg_doc_20030203_new-age_en.html
Die deutschsprachige Fassung wurde 2003 mit Druckerlaubnis des Päpstlichen Rates für den interreligiösen Dialog herausgegeben vom Wiener Referat für Weltanschauungsfragen in der Übersetzung von Thomas Körbel OSA und Thomas Rigl in der Werkmappe 88/2003 der »Sekten, religiöse Sondergemeinschaften, Weltanschauungen« der Arbeitsgemeinschaft der österreichischen Pastoral- und Seelsorgeämter, Nachdruck Wien 2010.

38 Für eine Kritik der New-Age-Spiritualität vgl. auch J. Ratzinger, Glaube – Wahrheit – Toleranz. Das Christentum und die Weltreligionen, Freiburg im Breisgau Neuausgabe 2017.

39 Jesus Christus der Spender lebendigen Wassers. Überlegungen zu New Age aus christlicher Sicht [Anm. 37], 74.

40 Johannes Paul II., *Redemptoris missio* 26.

41 Vgl. H. Cox, Fire from Heaven. The Rise of Pentecostal Spirituality and the Re-shaping of Religion in the 21st Century, 1994, Nachdruck 2001. Vgl. auch H. Cox, Die Zukunft des Glaubens. Wie Religion wieder zu den Menschen kommt, Freiburg im Breisgau 2010.

42 Lateinisch für »Gott aus der Maschine«. Der Ausdruck bezieht sich auf den Brauch in der griechischen Tragödie, einen Kran zu nutzen, um Schauspieler, die einen Gott oder eine Göttin spielten, auf die Bühne herabzulassen. Es ist, in anderen Worten, das willkürliche Einbringen Gottes in eine Situation.

43 Vgl. G. Weigel, Witness to Hope. The Biography of Pope John Paul II., 224.846 (dt. Zeuge der Hoffnung. Johannes Paul II. Eine Biographie. Paderborn 3. erw. Aufl. 2011).

44 Johannes Paul II., *Fides et ratio* 90.

45 Vgl. G. Augustin / K. Krämer (Hg.), Mission als Herausforderung. Impulse zur Neuevangelisierung (Theologe im Dialog 6), Freiburg im Breisgau 2011.

46 Paul VI., *Evangelii nuntiandi* 18.

47 Paul VI., *Evangelii nuntiandi* 27.

48 Vgl. Johannes Paul II., *Catechesi tradendi* 18.

49 Paul VI., *Evangelii nuntiandi* 21.

50 Paul VI., *Evangelii nuntiandi* 63.

51 Vgl. Johannes Paul II., *Catechesi tradendae* 20.

52 Vgl. Johannes Paul II., *Tertio millennio adviente* 40.

53 Vgl. P. Collins, Word and Spirit. Intimations of a New Springtime, Dublin 2012.

54 https://w2.vatican.va/content/john-paul-ii/de/speeches/1992/december/documents/hf_jp-ii_spe_19921204_germania-ad-limina.html

55 http://w2.vatican.va/content/benedict-xvi/de/speeches/2005/august/documents/hf_ben-xvi_spe_20050821_german-bishops.html

56 Vgl. A. Card. Dulles, Models of the Church, New York 2000 (Erstauflage 1974).

57 A. Dulles, Models of Revelation, New York 1992, 30.

58 Vgl. J. Delarue, in: The Missionary Ideal of the Priest According to St Vincent de Paul, Chicago 1993, 85; vgl. auch L. Mezzadri, A Short Life of St. Vincent de Paul, Dublin 1992/2010, 31.

59 Johannes Paul II., *Ecclesia in Europa* 47.

60 Vgl. K. McDonnell / G. T. Montague, Christian Initiation and Baptism in the Spirit. Evidence from the First Eight Centuries, Collegeville 1990, 333. Montague und McDonnell argumentieren von einem schriftbasierten und patristischen Standpunkt aus, dass die Ausgießung des Geistes wesentlich für die Initiationssakramente und normativ für alle getauften Christen ist.

61 Vgl. R. Hattersley, John Wesley. A Brand From the Burning, London 2002, 136.

62 Vgl. J. Wimber (with K. Springer), Power Evangelism. Signs and Wonders Today, London 1985, 56–60.

63 Vgl. A. Dodin, Vincent de Paul and Charity. A Contemporary Portrait of his Life and Apostolic Spirit. Ed. H. O'Donnel and M. G. Hornstein, New York 1993, 81.

64 Vgl. H. Cox, Fire From Heaven. The Rise of Pentecostal Spirituality and the Reshaping of Religion in the 21st Century, London 1996, 306.

65 J. Sobrino, Christology at the Crossroads, London 1978, 379; vgl. ders., Christologie der Befreiung, Ostfildern [2]2008.

66 G. Gutierrez, Perspectives on Personal and Social Transformation, ed. Walter E. Conn, New York 1978, 309.

67 Vgl. Vincent de Paul, Correspondance, Entretiens, Documents, hg. von P. Coste, Bd. 9, Paris 1920–1925, 319.

68 L. Abelly, Das Leben des heiligen Vincenz von Paul, Stifters und ersten Superiors der Congregation der Mission und der Töchter der christlichen Liebe. Aus dem französischen Originale übersetzt und mit Anmerkungen versehen von C. von Prentner. 4 Bde., Bd. 1, Regensburg 1859, 139 (Zwanzigstes Kapitel: Geistige und leibliche Anlagen Vinzenz'. Bild seines Charakters).

69 K. Rahner, »Frömmigkeit früher und heute«, in: ders., Schriften zur Theologie. Bd. 7. Einsiedeln 1966, 11–31; jetzt in: ders., Glaube im Alltag. Schriften zur Spiritualität und zum christlichen Lebensvollzug. Bearbeitet von A. Raffelt, Freiburg im Breisgau 2006 (Rahner Sämtliche Werke 23), 31–46.

70 Vgl. dazu G. Augustin, Plädoyer für eine theozentrische Wende im säkularen Zeitalter, in: ders. / C. Schaller / S. Śledziewski (Hg.), Der dreifaltige Gott. Christlicher Glaube im säkularen Zeitalter. Für Gerhard Kardinal Müller, Freiburg im Breisgau 2017, 33–52.

71 Vgl. G. Augustin / K. Krämer (Hg.), Gott denken und bezeugen, Freiburg 2008.

72 Vgl. G. Augustin, Gott eint – trennt Christus? Die Einmaligkeit und Universalität Jesu Christi als Grundlage einer christlichen Theologie der Religionen, Paderborn 1993, 206–379.

73 Franziskus, *Misericordiae vultus.*

74 J. Ratzinger, Glaube und Zukunft, München 1970, 122.

75 Vgl. G. Augustin / G. Riße (Hg.), Die eine Sendung – in vielen Diensten. Gelingende Seelsorge als gemeinsame Aufgabe in der Kirche, Paderborn 2003.

76 Vgl. G. Augustin, Verherrlichung Gottes in der Liturgie, in: ders./M. Schulze (Hg.), Glauben feiern. Liturgie im Leben der Christen. Für Andreas Redtenbacher, Ostfildern 2018, 47–68; vgl. ders., u.a. (Hg.), Priester und Liturgie, Paderborn 2005.

77 Vgl. G. Augustin, Das Sakrament der Einheit: Eucharistie, in: ders., Die Seele der Ökumene. Einheit der Christen als geistlicher Prozess, Ostfildern 2017, 69–116; ders., Die Eucharistie mit spirituellem Gewinn feiern. Ein Perspektivenwechsel, in: G. Augustin/K. Krämer (Hg.), Leben aus der Kraft der Versöhnung, Ostfildern 2006, 124–153.

78 Vgl. Benedikt XVI., *Deus caritas est* 19–37.

79 Paul VI., *Evangelii nuntiandi* 26.

80 Vgl. G. Fürst, »Ihr werdet die Kraft des Heiligen Geistes empfangen und meine Zeugen sein«, in: G. Augustin/J. Kreidler (Hg.), Den Himmel offen halten, Freiburg 2003, 12–18.

81 Vgl. N. Brox/F. Dünzl (Hrsg.), Das Frühchristentum, Freiburg im Breisgau 2000, bes. 353.

82 J. Ratzinger, Glaube und Zukunft [Anm. 74], 120f.

83 Franziskus, *Evangelii gaudium* 273.

84 Franziskus, *Evangelii gaudium* 273.

85 Franziskus, *Evangelii gaudium* 76.

86 Franziskus, *Evangelii gaudium* 81.

87 Benedikt XVI., Begegnung mit in Kirche und Gesellschaft engagierten Katholiken in Freiburg im Breisgau (25. September 2011) [Anm. 16].

88 Franziskus, *Evangelii gaudium* 76–109.

89 Franziskus, *Evangelii gaudium* 281.283.

90 Vgl. G. Augustin, Den Glauben wieder beleben und die Liebe neu entzünden. Vinzenz Pallotti als Vorbild für die Neuevangelisierung, in: ders./K. Krämer, Mission als Herausforderung [Anm. 45], 245–255.

91 Pallotti-Text: VP X 115 (1816); zit. nach Vinzenz Pallotti, Ausgewählte Schriften. Hg. von B. Bayer und J. Zweifel, Friedberg 1985, 295.

92 Pallotti-Text: VP III 139–143 (1835); zit. nach Bayer (Hg.), Ausgewählte Schriften [Anm. 91], 26.

93 Pallotti-Text: VP IV 119–141 (1835); zit. nach Bayer (Hg.), Ausgewählte Schriften [Anm. 91], 44.
94 Pallotti-Text: VP III 1–7 (1846); zit. nach Bayer (Hg.), Ausgewählte Schriften [Anm. 91], 228.
95 Pallotti-Text: VP III 175–178 (1838); zit. nach Bayer (Hg.), Ausgewählte Schriften [Anm. 91], 156.
96 Pallotti-Text: VP III 23–33 (1840); zit. nach Bayer (Hg.), Ausgewählte Schriften [Anm. 91], 218.

Personenverzeichnis

Bibelstellenverzeichnis

Zum Autor

Professor Pater Dr. George Augustin SAC stammt aus Palai (Kerala/Indien). Nach dem Studium der Theologie, Philosophie und Biologie in Nagpur trat er 1978 in die Ordensgemeinschaft der Pallottiner ein und wurde 1981 zum Priester geweiht. Es folgten Jahre in der Missionsarbeit in Nordindien. 1992 wurde er an der Universität Tübingen unter Walter Kasper promoviert; seit 1994 ist er im Bistum Rottenburg-Stuttgart als Priesterseelsorger tätig. Nach seiner Habilitation 2003 an der Philosophisch-Theologischen Hochschule Vallendar wurde er dort 2004 zum Professor für Fundamentaltheologie und Dogmatik ernannt. 2005 gründete er das »Kardinal Walter Kasper Institut für Theologie, Ökumene und Spiritualität« in Vallendar, das er seitdem als Direktor leitet. 2008 wurde George Augustin als Konsultor in den Päpstlichen Rat zur Förderung der Einheit der Christen berufen, 2017 als Konsultor der Kleruskongregation.

In der Verlagsgruppe Patmos sind von ihm zuletzt erschienen: *Kraft der Barmherzigkeit. Mensch sein aus den Quellen des Glaubens* (Matthias Grünewald Verlag 2016), *Die Seele der Ökumene. Einheit der Christen als geistlicher Prozess. Mit einem Geleitwort von Walter Kardinal Kasper* (Patmos Verlag 2017).

George Augustin in der Verlagsgruppe Patmos

Kraft der Barmherzigkeit
Mensch sein aus den Quellen des Glaubens

128 Seiten, Hardcover mit
Schutzumschlag und Leseband
ISBN 978-3-7867-3081-1
(Matthias-Grünewald-Verlag)

Mit dem Thema »Barmherzigkeit« hat Papst Franziskus das Zentrum der christlichen Botschaft in den Blickpunkt der Aufmerksamkeit gerückt. George Augustin erschließt die verschiedenen Aspekte der Barmherzigkeit in ihrem notwendigen Zusammenhang: Der christliche Glaube ist keine Überfremdung des Menschen, sondern die entscheidende Quelle, aus der Menschen schöpfen können, um Mensch zu werden und zu sein.

Die Seele der Ökumene
Einheit der Christen als geistlicher Prozess

Mit einem Geleitwort von
Walter Kardinal Kasper

224 Seiten, Hardcover mit
Schutzumschlag und Leseband
ISBN 978-3-8436-0890-9
(Patmos Verlag)

Die Einheit der Christen wird nicht Ergebnis von Verwaltungsmaßnahmen sein und theologisch keine Einigung auf den kleinsten gemeinsamen Nenner. Sie ist vielmehr in der persönlichen Beziehung zu Jesus Christus begründet und ein Geschenk des Geistes Gottes, dem es Geist und Herz zu öffnen gilt. Das geistliche Leben der Christen ist der Weg zu dieser Einheit. Zu diesem Weg und seinen Stationen ermutigt das Buch von George Augustin.